De Québécois à Ontarois

Roger Bernard

De Québécois à Ontarois

La communauté franco-ontarienne

ESSAI

Le Nordir

Les Éditions du Nordir
existent grâce au Collège
universitaire de Hearst
C.P. 580
Hearst (Ontario)
P0L 1N0
tél. (705) 372-1781

Correction d'épreuves: Jacques Côté

Dépôt légal: deuxième trimestre 1988
Bibliothèque nationale du Canada

à François

INTRODUCTION

Vivre en français en Ontario, mythe ou réalité? Cette question fondamentale préoccupe, depuis un siècle, les regroupements des francophones qui luttent pour faire du fait français une réalité. En dépit de la consolidation du réseau d'institutions franco-ontariennes, et plus particulièrement de l'établissement des écoles secondaires de langue française, de l'obtention des services gouvernementaux en français et de la montée de l'idéologie du bilinguisme, cette question renaît à chaque génération, dans un contexte différent, comme si les stratégies pour enraciner et développer la réalité française se butaient toujours à de nouveaux obstacles. Les écoles secondaires françaises qui devaient garantir la survivance linguistique, dans un milieu culturel homogène, sont devenues, dans bien des cas, des écoles d'immersion qui doivent élaborer des programmes de refrancisation qui attestent l'échec. Avant que les francophones ne s'intègrent tout à fait à la culture de la majorité anglaise, et pour relever le défi lancé par René Lévesque «*they're dead ducks*», l'État ontarien a repris le flambeau de la francophonie, dans l'espoir d'une revitalisation qui risque maintenant de s'enliser dans les dédales de la bureaucratie étatique.

L'impasse qui guette les projets d'épanouissement culturel et linguistique de la communauté franco-ontarienne témoigne d'une continuité à travers l'histoire qui nous invite à l'analyse des situations qui perpétuent ce cul-de-sac. Depuis les tentatives systématiques d'assimilation du début du siècle et la minorisation plus poussée des francophones par les processus d'industrialisation et d'urbanisation, la possibilité de vivre en français en Ontario oscille entre le mythe et la réalité. L'avenir de l'Ontario français passe nécessairement par une auscultation des changements qui ont marqué la société canadienne-française depuis les premières migrations de Québécois.

À chaque fois que les Franco-Ontariens abordent la question de la survivance à l'intérieur d'un forum, qu'il s'agisse d'un congrès de l'Association canadienne-française de l'Ontario ou d'une émission de la télévision éducative, le débat se situe continûment au niveau des forces vives, au niveau des «tripes», pour retrouver ceux qui ont le coeur à la bonne place, c'est-à-dire le coeur à la francophonie. L'introspection collective revient sans cesse à l'indicible sensibilité française qui doit animer l'individu et se manifester dans une volonté d'affirmer sa francité malgré l'immersion dans un océan anglophone. Tout se passe comme si la volonté était une valeur intrinsèque qui se développe à l'extérieur des relations sociales encadrant nos pratiques quotidiennes.

Devant l'assimilation envahissante, ce constat tombe comme une accusation de faiblesse: le Franco-Ontarien qui n'utilise pas le français, alors qu'il peut l'exiger dans certains services, fait preuve de paresse, de manque de conviction et de mollesse. Ce comportement est pourtant rationnel et logique dans la perspective du Franco-Ontarien qui, dans le domaine public, sent le poids du contexte historique de non-valorisation de la langue française qui était habituellement réservée à la sphère privée. Être francophone, dans la vie quotidienne minoritaire de l'Ontario, impose presque toujours le bilinguisme individuel qui favorise le passage du français à l'anglais dans les situations qui le commandent. Les expériences antérieures, les circonstances immédiates de l'échange, ainsi que la langue de l'interlocuteur (très souvent unilingue anglophone), prescrivent le comportement linguistique. Le Franco-Ontarien qui continue d'utiliser le français dans un environnement qui appelle l'usage de l'anglais, démontre plutôt de l'entêtement parce qu'il ne respecte pas les contraintes usuelles. Il persiste alors dans un comportement volontaire et idéologique sans tenir compte de la conjoncture qui demande de sa part une reconsidération de la situation. S'il respecte les normes qui gouvernent la vie sociale, il n'est ni paresseux ni entêté. Mais l'ensemble de ces comportements linguistiques rationnels provoque un effet pervers collectif: l'anglicisation de la communauté franco-ontarienne et une segmentation des expériences langagières: l'usage du français est restreint à la sphère privée et l'usage de l'anglais prédomine dans la sphère publique.

Je participe à ces débats depuis 20 ans, et plus que jamais, j'ai l'étrange impression du déjà vu, du déjà dit et du déjà vécu. Certains me diront qu'il s'agit de l'histoire qui se répète (comme si l'histoire pouvait agir), mais je rétorquerai ceci: le fait que la situation des Franco-Ontariens soit difficile ne me surprend guère, mais je constate tout de même que le débat avance à pas de tortue. Nous refusons presque systématiquement l'analyse théorique parce que nous avons peur de perdre de vue les faits, pour ensuite nous égarer dans les aléas de la théorie. L'heure est à l'action; l'époque, à la mécanique électronique. Les hommes politiques et l'appareil bureaucratique qui les entoure deviennent dans les circonstances actuelles le centre névralgique de la vie française. Ils échafaudent la francophonie ontarienne autour d'une structure technocratique. Une difficulté surgit: les technocrates connaissent bien les systèmes organisationnels et les rouages politiques, mais ils connaissent beaucoup moins le procès culturel qui constitue l'essence de la vie d'un groupe.

La démarche politique présente de reconnaissance officielle du français et de l'obtention de services parallèles est vitale, mais elle ne doit pas déplacer la problématique en évacuant la question culturelle. À l'étape de la refrancisation, les gens d'action doivent prendre le temps de poser les bonnes questions s'ils espèrent trouver des réponses satisfaisantes et proposer des stratégies valables. L'action efficace passe par une réflexion sérieuse. Le débat n'avance pas parce que notre approche est essentiellement naturaliste et descriptive (nous sommes nés un peuple de langue française), et nous refusons d'inscrire l'interprétation de l'expérience franco-ontarienne à l'intérieur du champ plus général des relations ethniques.

Nous n'acceptons pas l'idée que les francophones de l'Ontario constituent un groupe ethnique parce que nous considérons que l'ethnicité, dans son usage courant, se présente comme un phénomène un peu négatif, associé à ceux et celles qui apparaissent comme des étrangers en sol ontarien. Les francophones de l'Ontario sont un peuple fondateur, une des deux grandes nations qui se trouvent à la base du Canada moderne. Cette perception n'exclut pas les autres groupes ethniques qui contribuent à la naissance de la nation canadienne, mais elle reprend une idée consacrée par la Commission royale d'enquête sur le bilinguisme et le biculturalisme (biculturalisme qui s'est vite transformé en multiculturalisme): les autres forment des ethnies, nous sommes un peuple. L'histoire révèle notre rôle de bâtisseur, mais les migrations subséquentes ont conduit au morcellement, à la minorisation et à l'éclatement de la société canadienne-française.

L'utilisation des théories des relations ethniques pour mieux comprendre la naissance, les transformations et l'histoire des Franco-Ontariens ne se veut pas un énoncé réductionniste. Il n'y a pas d'intentions politiques ou idéologiques à présenter les Franco-Ontariens comme un groupe ethnique. Dans cette perspective, la majorité de langue anglaise de l'Ontario est elle aussi considérée comme un groupe ethnique, mais un groupe ethnique majoritaire.

L'analyse qui suit n'est pas non plus un plaidoyer en faveur des minoritaires français d'Amérique (Québécois, Acadiens, Franco-Ontariens ou Cajuns), qui ont passé une partie importante de leur vie à démontrer à la majorité qu'ils avaient eux aussi un certain droit à l'existence en tant que groupe différent, et qu'ils étaient souvent menacés dans leur être collectif, privés de services en français, victimes des attitudes, des comportements et des politiques qui découlent des relations minoritaires/majoritaires. Fréquemment ces situations de minoritaires colonisés minent subtilement le droit à la survivance, en même temps qu'elles proposent de façon plus ou moins adroite l'intégration au groupe majoritaire, en faisant miroiter les privilèges qui s'y rattachent. Il ne s'agit pas ici de reprendre l'affirmation et la démonstration des droits à la vie de la collectivité franco-ontarienne, ni d'identifier et d'étaler les responsabilités de la majorité anglaise de l'Ontario, pour en arriver éventuellement à présenter les faiblesses et les grandeurs de part et d'autre. Plus simplement, cet ouvrage propose une analyse sociologique qui s'adresse à ceux qui étudient les phénomènes de l'identité culturelle, et plus particulièrement à ceux qui s'intéressent à la chose franco-ontarienne. Les spécialistes des relations ethniques ne trouveront pas les concepts et les théories de la dernière cuvée sociologique, ni les données encore chaudes de la plus récente enquête de terrain.

Le défi à relever est de savoir ce que sont devenus ces

Québécois qui s'installent en Ontario depuis plus d'un siècle. Forment-ils un groupe ethnique? Sont-ils différents des Québécois? Comment s'effectue le passage de Canadiens français à Franco-Ontariens, de Franco-Ontariens à Ontarois? Quelles sont leurs chances de survie?

La réponse à ces questions conduit à l'analyse des phénomènes sociaux de l'identité de la communauté française de l'Ontario. Notre essai étudiera donc ces phénomènes, leur ampleur et leur rayonnement. Cette analyse exigera, d'une part, l'étude des liens qui existent entre l'identité ethnique et la communauté, et, d'autre part, l'étude des modifications démographiques (migrations, exogamie, etc.), culturelles et linguistiques qui transforment les frontières ethniques du groupe franco-ontarien. De plus, puisque ces transformations émanent des conditions sociales produites et reproduites depuis les toutes premières migrations qui perpétuaient les conditions vécues au Québec avant le déplacement, nous aborderons aussi cette problématique.

CHAPITRE PREMIER

Les bases de la communauté franco-ontarienne

Pour mieux comprendre l'histoire et l'évolution de l'identité de la communauté franco-ontarienne, il faut en situer la naissance, en redécouvrir les racines québécoises, et suivre les changements qui se dégagent du nouvel environnement social et culturel. Le questionnement sociologique proposé tentera d'expliquer le social par le social, pour reprendre les mots de Durkheim. Il faut, alors, pour comprendre le manque de volonté et la propension à l'assimilation linguistique et culturelle de certains Franco-Ontariens, ainsi que la volonté et la résistance des autres, étudier la conscience et les conduites des acteurs par les relations sociales où ils évoluent. En outre, l'acteur franco-ontarien ne réagit pas seulement à des conditions objectives, mais à des conditions appréhendées à travers une culture socialement constituée qui organise sa perception de la réalité. Les phénomènes sociaux sont donc à la fois objectifs et symboliques.

Trois grandes idées ont orienté et marqué les études des Canadiens français de l'Ontario depuis le milieu du siècle: les théories assimilationnistes des sociologues américains, la thèse de la complétude institutionnelle de Raymond Breton et une vieille idée bien ancrée, qui insinue que l'appartenance ethnique et culturelle est transmise hériditairement, que l'ethnicité est une affaire de génétique culturelle. En conséquence de cette troisième thèse, les caractéristiques saillantes (origine québécoise, langue maternelle française, etc.) acquises à la naissance inculquent des valeurs particulières qui orientent directement nos comportements en tant que Franco-Ontariens. Il faut revoir et reprendre les deux premières idées et renverser la troisième. L'ethnicité et la culture qui s'y rattache sont produites à la fois par des relations sociales et des institutions qui reproduisent d'une génération à l'autre les caractéristiques et les valeurs propres aux Franco-Ontariens. La pratique sociale engendre l'ethnicité.

Depuis quelques décennies, les chercheurs en sciences sociales tentent surtout d'expliquer la résurgence des ethnies à travers le monde, d'établir les changements de frontières ethniques et de déterminer les transformations des critères d'inclusion et d'exclusion ethniques. Toutefois, ils se sont depuis longtemps, du moins selon la tradition sociologique américaine, surtout intéressés à deux grands pôles des relations ethniques, c'est-à-dire l'intégration et l'adaptation des immigrants ou des minoritaires à l'ensemble de la société majoritaire, ainsi qu'à l'étude des relations raciales, marquée par l'observation des rapports sociaux entre les Noirs et les Blancs. De façon générale, le modèle assimilationniste a longtemps dominé et domine encore la sociologie des relations ethniques. L'industrialisation, l'urbanisation, la migration interne, la modernisation, le développement et la nouvelle société postindustrielle sont des facteurs qui vont entraîner selon plusieurs tenants de ces théories, la disparition des différences culturelles et ethniques. De tels phénomènes contribueraient à la construction de la nation américaine par le biais d'une certaine cohésion sociétale qui traverserait les frontières ethniques.

Les théories assimilationnistes du «melting-pot» et de l'anglo-conformité ont accordé beaucoup d'importance à l'assimilation linguistique et culturelle des membres de l'ethnie, et ne se sont pas, par conséquent, assez préoccupées des autres phénomènes de vie sociale des collectivités qui alimentent le dynamisme des communautés ethniques. La conscience collective ethnique se transforme à l'intérieur des sociétés modernes, mais elle peut demeurer tout de même une force contraignante même s'il y a certaines formes d'assimilation.

Plusieurs modèles théoriques présentent les relations ethniques à partir des conséquences d'un contact social qui suit habituellement un mouvement migratoire; celui-ci déclenche un processus particulier de rapports sociaux entraînant ainsi des phénomènes d'assimilation, d'acculturation et d'intégration chez les ethnies en situation de minorité. Une des formulations qui a longtemps été retenue et qui inspire encore les analystes des relations ethniques, émane de l'école de Chicago. Le cycle des relations raciales de Park (1950) est un modèle déterministe unidirectionnel qui prétend que les groupes qui occupent un même territoire en viennent à des relations conflictuelles pour le partage des ressources, des services et du pouvoir. La rareté de ces ressources provoque la compétition. Celle-ci occasionne un conflit qui exige, pour le bien des partis en cause, une forme d'accommodation qui conduira éventuellement à l'assimilation du groupe le plus faible. Le contact constant des groupes qui partagent le même espace physique favorise la disparition des différences culturelles et, selon Park, ce processus est irréversible: «the race relations cycle [...] of contact, competition, accommodation and eventual assimilation is apparently progressive and irreversible» (Park, 1950: 150).

Ce modèle ne permet guère d'analyser le rôle des groupes ethniques minoritaires qui connaissent certains problèmes au niveau de l'assimilation linguistique, mais qui réussissent quand même à survivre en tant que groupe distinct.

Au début des années 1960, Milton Gordon élabore et présente, dans *Assimilation in American Life,* un modèle d'assimilation ethnique qui a influencé aussi, pendant de nombreuses années, les sociologues et les étudiants des relations ethniques qui trouvaient le modèle de Park trop déterministe. Malgré une formulation différente qui se veut un modèle multivarié de l'assimilation, le modèle de Gordon a les mêmes faiblesses que celui de Park, car il est unidirectionnel et déterministe. Les sept étapes de l'assimilation (Gordon, 1964: 71), chacune avec son processus et ses conditions propres, laissent entrevoir que les minorités connaîtront tôt ou tard le sort inévitable de l'assimilation, plus particulièrement l'assimilation civique, où la minorité ethnique en vient à partager les valeurs sociétales et le pouvoir politique avec la majorité ethnique dominante (table 1). Le processus, comme pour le modèle de Park, est irréversible: l'assimilation structurelle conduit inévitablement aux autres types d'assimilation (Gordon, 1964). Voilà une présentation très sommaire du modèle assimilationniste. Nous en laisserons la critique à Gordon lui-même qui, quatorze ans plus tard, affirme:

In short, my point is that, while behavioral assimilation or acculturation has taken place in America to a considerable degree, structural assimilation, with some important exceptions, has not been extensive. (Gordon, 1978: 204) Structural assimilation, then, has turned out to be the rock on which the ships of Anglo-Conformity and the melting-pot have foundered. (Gordon, 1978: 208)

Table 1
La nature de l'assimilation:
présentation des variables et des étapes
de l'assimilation

Processus social	Étapes de l'assimilation
Acceptation des modèles culturels de la société d'accueil	Assimilation culturelle (acculturation)
Participation active, au niveau des relations primaires, aux institutions et aux groupes de la société d'accueil	Assimilation structurelle
Exogamie	Assimilation par les mariages interethniques
Sentiment d'appartenance à la société d'accueil	Assimilation par l'identification
Absence de préjugés	Assimilation au niveau de l'attitude
Absence de discrimination	Assimilation au niveau du comportement
Absence de conflits au niveau des valeurs et du pouvoir	Assimilation civique

Mais l'assimilation n'est pas un phénomène facile à mesurer et, même lorsque nous pouvons circonscrire des changements propres à l'identité des groupes ethniques, il se peut fort bien que les individus qui ont vécu ces changements (usage de l'anglais à la maison) se rattachent à d'autres éléments d'identification (l'origine canadienne-française) pour maintenir des frontières ethniques. Ils remplacent graduellement les éléments originaux. Par exemple, dans *La crise du melting-pot* (Cazemajou et Martin, 1983), nous constatons que les éléments culturels, religieux et linguistiques des groupes ethniques sont modifiés par les différents groupes dans un contexte de société moderne; mais ils demeurent quand même des éléments symboliques importants pour la mobilisation selon les intérêts du groupe ethnique. Le problème devient alors le suivant: le nouvel élément d'identification ethnique est-il un élément légitime de l'identité ethnique, et est-il partagé par un assez grand nombre de membres de l'ethnie qui feront en sorte que les frontières ethniques seront maintenues à partir de ce nouvel élément?

Si la perspective assimilationniste a dominé le champ d'étude de la société franco-ontarienne depuis l'urbanisation et l'industrialisation de la population, n'est-il pas essentiel aujourd'hui de s'interroger sur la formation d'un groupe, ou de se demander comment instituer un groupe dans un contexte de société moderne? Il faut d'abord dissocier ethnicité et hérédité. Pour paraphraser Simone de Beauvoir, je dirais: on ne naît pas Franco-Ontarien, on le devient. L'ethnicité est un phénomène essentiellement social qui a comme lieu principal le *processus de socialisation* qui permet à des personnes de partager une culture, une identité et une histoire, ou plutôt un sens que l'on attribue à l'histoire. L'ethnicité est donc acquise dans un milieu social, basée sur des différences et des ressemblances, et maintenue par des institutions qui établissent des frontières communautaires et culturelles de reconnaissance ethnique, frontières qui balisent l'identité individuelle. Les éléments conjoncturels associés à la langue française en Ontario, notamment l'origine québécoise, l'histoire rurale et le catholicisme (la foi, gardienne de la langue), constituent des particularismes culturels qui peuvent marquer les ressemblances et les différences entre les Franco-Ontariens et les autres groupes ethniques de l'Ontario, mais ils ne représentent pas intrinsèquement des éléments de l'identité ethnique. Pour le devenir, ces phénomènes objectifs doivent être transformés en valeurs culturelles qui influenceront les comportements et qui marqueront les pratiques de la vie quotidienne.

Ces particularismes culturels forment une partie seulement de la réalité objective et subjective des membres de l'ethnie parce que les interactions se font de part et d'autre des frontières ethniques, et, par conséquent, le sens que nous donnons à ces particularismes n'est pas établi seulement à l'intérieur du groupe, mais est négocié avec la société globale. Les responsables des institutions sociales mises en place pour assurer la continuité ethnique et la survivance culturelle doivent attacher une importance singulière aux sens accordés aux phénomènes objectifs de l'identité parce que les comportements s'orientent selon le sens que l'acteur attribue aux éléments, réels ou supposés, qui entrent dans le champ des relations sociales.

Les effectifs franco-ontariens sont souvent établis en répertoriant les personnes qui répondent aux critères d'inclusion selon des caractéristiques culturelles (origine canadienne-française) ou linguistiques (langue maternelle française), qui représentent le bassin de la population susceptible de former une communauté. Raymond Breton les identifie comme étant la collectivité franco-ontarienne, c'est-à-dire les personnes qui partagent la même origine ethno-culturelle. Lorsque nous affirmons que les 475 605 personnes de langue maternelle française de l'Ontario, en 1981, forment la société franco-ontarienne, nous attribuons à ces personnes des qualités, des attitudes et des comportements d'individus qui entretiennent des relations en accordant à la langue française ou à l'origine canadienne-française, une valeur culturelle spécifique qui transforme les relations sociales en relations qui témoignent d'une solidarité ethnique, qualifiées par Max Weber de relations de communalisation «qui inspirent le sentiment d'une appartenance commune». Les membres de la collectivité qui partagent ce sentiment forment une communauté. Cette relation de communalisation n'est pas une donnée intrinsèque reliée au fait d'apprendre ou d'utiliser une langue maternelle, mais elle peut se développer à partir du partage d'une langue ou d'une origine ethnoculturelle commune.

La relation de communalisation passe obligatoirement par un sentiment subjectif d'appartenance à une communauté linguistique ou culturelle, sentiment qui oriente mutuellement les acteurs des différents groupes. Les responsables des institutions sociales qui élaborent des stratégies de développement de la communauté franco-ontarienne doivent reconnaître le fait que la communauté ethnique repose sur un sentiment subjectif d'appartenance, sur le sens accordé aux éléments objectifs d'identification, et non sur des valeurs que l'on croit, à tort, automatiquement reliées à l'apprentissage du français lors des premières années de socialisation, ou à l'héritage culturel, même si la différence ou la ressemblance objective est à la base de ce sentiment d'appartenance.

Le statut traditionnel des Franco-Ontariens est menacé par l'estompage des frontières culturelles et structurelles: d'une part, l'anglicisation, l'exogamie et la minorisation occasionnée par les migrations internes diminuent les effectifs de la collectivité; d'autre part, la bilinguisation des anglophones et les revendications des francophones des autres cultures brouillent les différences linguistiques qui établissaient, dans le passé, les particularités respectives des Canadiens français et des Canadiens anglais de l'Ontario.

Pour que le groupe existe, qu'il soit franco-ontarien,

acadien ou cajun, il doit maintenir des frontières ethniques, de telle sorte que l'existence du groupe repose en partie sur la création, le maintien et la modification des frontières. Ces frontières permettent donc d'établir et d'arrêter, à un moment précis, l'identité collective du groupe ethnique qui, à son tour, délimite l'identité individuelle. Toutefois, cette identité se construit par des rapports sociaux à l'intérieur du groupe et doit être reconnue par les membres des autres groupes. Les frontières représentent donc les contours du noyau culturel qui fixent les différenciations ethniques. Ainsi, frontière et groupe ethnique ne peuvent pas exister indépendamment l'un de l'autre. De plus, il est à peu près impossible d'établir une priorité diachronique entre l'identité, déterminée par les frontières, et le groupe, parce qu'en parlant du groupe nous nous référons obligatoirement à ces frontières et à cette culture, maintenues par les institutions sociales (écoles, familles, églises, etc.).

Cette problématique nous conduit habituellement à identifier les Franco-Ontariens, en les nommant, en les qualifiant à partir d'une perspective objective qui découle directement des règles de la méthode sociologique de Durkheim qui proposait «que les phénomènes sociaux sont des choses...» et «est chose, en effet, tout ce qui est donné, tout ce qui s'offre, ou plutôt, s'impose à l'observation» (Durkheim, 1968: 27). Et alors les Franco-Ontariens s'imposent à l'observation. Ils sont là: ils parlent français, ils demeurent en Ontario, ils sont de souche québécoise; ils sont presque tous de religion catholique; ils votent en majorité pour le parti libéral du Canada; ils sont presque tous d'origine rurale et modeste, fils et filles de bûcherons, d'agriculteurs, de mineurs et de manoeuvres.

Mais ces caractéristiques saillantes qui forment le noyau de la culture historique franco-ontarienne, transmis à travers l'histoire pour former une conscience collective, ne recouvrent pas la même réalité, la même valeur pour tous les membres de la collectivité. Qu'advient-il de l'individu qui répond à tous les critères objectifs d'appartenance au groupe ethnique franco-ontarien, mais qui vit ou qui refuse de s'y identifier comme tel, et qui ne participe pas à la vie de la collectivité franco-ontarienne? Est-il Franco-Ontarien? D'un autre côté, qu'advient-il de l'individu qui ne répond pas aux critères objectifs d'appartenance au groupe franco-onta-rien, ou du moins si peu, mais qui participe à la vie de la communauté franco-ontarienne? Est-il Franco-Ontarien? Lequel des deux est le plus contraint par la conscience collective franco-ontarienne? Mais alors comment tenir compte du sentiment d'appartenance? Comment déterminer qui se sent Franco-Ontarien? N'est-ce pas là un critère d'appartenance et d'identification trop subjectif, trop imprécis, et qui varie à l'infini d'un individu à l'autre, rendant ainsi difficile l'observation du groupe ethnique? Danielle Juteau a très bien posé le problème d'opposition entre les caractéristiques objectives et subjectives.

> À première vue, il semble assez facile de déterminer qui se sent franco-ontarien. On n'a qu'à poser la question. Mais à qui la poser? Aux Franco-Ontariens, bien sûr! Mais qui est franco-ontarien? Quels sont les critères d'inclusion et d'exclusion et sur quoi reposent-ils? Faut-il inclure les francophones dont les ancêtres ne sont pas Canadiens français, tels que les Français, les Haïtiens, etc.? Parmi les Canadiens français, faut-il exclure les natifs du Québec? Et une fois résolu le choix des critères objectifs, que faire de la dimension subjective? Faut-il, oui ou non, la prendre en considération? (Juteau-Lee, 1980: 22)

Absolument. L'individu vit dans un monde de sens et de rapports sociaux. Nous agissons envers les choses qui nous entourent à partir du sens que ces choses prennent pour nous, ou du sens que nous leur donnons pour annihiler leur in-fluence. L'environnement humain recouvre donc une réalité à la fois symbolique et physique, mais il est composé effectivement des objets que les individus peuvent connaître et reconnaître à partir de leur culture. Le fondement de la communauté franco-ontarienne repose sur le sens que les membres de la collectivité accordent aux caractéristiques objectives (langue française, migrations, origine canadienne-française, etc.). Ces caractéristiques n'ont pas de qualités en soi, et leur sens découle de situations sociales précises et s'établit dans un environnement d'interactions. Nous produisons notre culture, nous fabriquons notre histoire et nous inventons notre réalité. Mais notre pouvoir est limité, parce que nous ne pouvons pas facilement nous extraire de la position que nous occupons dans l'espace social des hiérarchies ethniques, des rapports économiques et des relations majoritaires/minoritaires. Notre culture se négocie avec la société globale en regard de notre place dans la structure sociale. Ces rapports de domination qui gouvernent les relations ethniques recèlent la symbiose des réalités matérielles et symboliques qui crée le tissu de la vie sociale franco-ontarienne.

Pour tenter d'analyser la notion de sentiment d'appartenance et découvrir sa signification et son rôle dans la naissance de l'identité ethnique, nous nous référons à la théorie weberienne de l'action sociale (Weber, 1971). Lorsque le caractère subjectif et symbolique de l'action sociale est appliqué à la communauté ethnique, Weber démontre que c'est l'expérience de vie commune d'un groupe à travers l'histoire qui peut le conduire à établir une relation sociale dite de *communalisation* qui est, de fait, à la base de la vie d'un groupe, qu'il soit ethnique ou non. La relation sociale est dite de *communalisation* lorsque cette activité sociale se fonde sur les sentiments subjectifs (qu'ils soient affectifs, émotionnels ou familiaux) des acteurs d'appartenir à une même communauté. La table 2 présente le cheminement explicatif de Weber, lorsqu'il décrit le phénomène d'éclosion d'une communauté.

Table 2
Communalisation: origine de la croyance
à la communauté ethnique selon Max Weber

Cheminement de l'explication
1. différences d'habitudes de vie acquises pour un motif historique ou héréditaire;
2. les différences conduisent à une prise de conscience d'une vie en commun;
3. la conscience d'une vie en commun peut devenir un agent de communalisation;
4. la collectivité peut accentuer les différences;
5. la vie en commun et les différences conduisent habituellement les groupes à des liens d'attraction et de répulsion;
6. la croyance à ces liens, donc à la parenté ethnique, peut être subjective ou fondée objectivement;
7. cette croyance peut conduire à la formation d'une communauté.

Weber affirme que ces «différences sautent aux yeux dans la conduite quotidienne et que les séparations ethniques ont toujours pour motifs de très fortes différences extérieurement reconnaissables» (Weber, 1971: 418). Ici, Weber revient aux notions de caractéristiques objectives de Durkheim lorsqu'il emploie à peu près les mêmes termes pour décrire les différences, et ces différences sautent aux yeux, de dire et Durkheim et Weber. Elles se retrouvent dans la conduite économique de la vie, dans la façon typique de se vêtir, de se loger, de se nourrir, dans la division du travail entre les sexes, dans les conditions sociales ainsi que dans la croyance à l'excellence des coutumes propres et à l'infériorité des coutumes étrangères (Weber, 1971: 418). De plus, les différences ethniques provoquent une répulsion ethnique parce qu'elles symbolisent l'appartenance, et qu'elles jouent un rôle vital dans la formation des sentiments de communauté ethnique (p. 419).

Mais le fait d'avoir en commun certaines qualités, de vivre une même expérience, de partager la même langue, la même religion et le même vécu historique, ne constitue pas nécessairement une relation de communalisation (p. 42). La vie en commun ethnique n'est pas l'essence d'une communauté, mais seulement un élément qui facilite la formation de la communalisation. Mais que faut-il pour qu'il y ait communalisation? Un sentiment subjectif d'appartenir à une même communauté (p. 41) et, de plus, ce sentiment doit donner naissance à l'orientation mutuelle des comportements (p. 42). Comment se développe ce sentiment d'appartenance? Quel est le processus final qui déclenche la communalisation, phénomène qui se rapproche de la prise de conscience ethnique? Par quel processus les Franco-Ontariens en viendraient-ils à sentir qu'ils sont Franco-Ontariens, et à agir socialement en étant conscients de ce sentiment d'appartenance ethnique?

L'élément de différenciation ethnique ou le trait culturel qui retient le plus l'attention des analystes et des observateurs est le fait que les membres du groupe franco-ontarien parlent français et qu'ils sont d'origine ethnique française. Nous serions en droit de poser toute une série de questions relatives à ces deux caractéristiques: quel sens les Franco-Ontariens accordent-ils au fait de parler français et au fait d'être d'origine française? Quel français parlent-ils? Où le parlent-ils? Qu'advient-il des individus franco-ontariens qui adoptent un comportement linguistique diglossique? Le transfert linguistique entraîne-t-il la perte de l'identité franco-ontarienne et la perte de la culture franco-ontarienne? (Et encore ces deux concepts ou réalités restent à définir.) Quels sont les liens entre la langue, l'identité et la culture?

Nous pourrions sûrement, et sans trop d'effort,

poursuivre dans cette voie, et pourtant nous n'avons présenté que les deux éléments de l'identification franco-ontarienne qui sont repris continuellement, et rarement contestés ou mis en doute à titre d'indicateurs fiables et valables de l'ethnie franco-ontarienne, même si parfois les analystes ou les acteurs sociaux doivent présenter quelques précisions. Les autres éléments objectifs d'identification de l'ethnie franco-ontarienne, notamment les migrations, le peuplement, la culture française, la religion catholique, la situation socio-économique, la division culturelle du travail et la situation de minoritaire, peuvent être soumis au même questionnement. Le problème de l'identité ethnique est donc à la fois institutionnel, culturel et structurel.

Notre travail propose d'étudier comment les modifications de l'espace démolinguistique des Franco-Ontariens, par les migrations, l'urbanisation et l'industrialisation, et les transformations subséquentes des frontières ethniques influencent le processus culturel qui se trouve au centre de la socialisation ethnique, processus qui doit conduire au développement d'un sentiment subjectif d'appartenance communautaire et à la formation d'une communauté franco-ontarienne.

CHAPITRE II

Québec/Ontario: des rapports différents

L'éveil de l'identité franco-ontarienne ne peut pas être dissocié de l'effritement de l'idée de nation canadienne-française au lendemain de la Révolution tranquille que connaît le Québec. Cependant, la résurgence ethnique des francophones du Québec prend l'allure d'un projet socio-politique de modification des relations Québec/Canada caractérisé par l'utopie qui proclame l'affirmation de l'identité québécoise dans un pays indépendant.

La Révolution tranquille, que les analystes présentent comme une mutation essentiellement religieuse, culturelle et sociale, est en même temps un programme de changement structurel radical qui propose de renouveler les rapports de forces politiques, mais qui exige conséquemment une redéfinition de l'identité des francophones de l'Ontario, qui, traditionnellement, s'inscrivait dans le sillage des caractéristiques de la société canadienne-française du Québec. La Révolution tranquille et la prise du pouvoir par le Parti québécois bouleversent les structures d'appartenance traditionnelles des Franco-Ontariens. La théorie des conflits viendra éclairer notre réflexion sur les changements qui entraînent des conditions fort distinctes d'un groupe à l'autre. Cette perspective nous permettra d'identifier les facteurs qui engendrent des différences au niveau des conflits ethniques et de l'accommodation sociétale que les deux groupes développent à partir de leur expérience historique respective depuis quelques décennies. Cette approche complète les explications weberiennes: la communalisation, selon Weber, prend racine dans un rapport social déterminé, et ce rapport, souvent inégal, conduit au maintien ou à la disparition des différences. Il mène donc à l'accommodation (caractérisée par une intégration plus poussée des groupes), ou à la segmentation des groupes qui partagent un même espace.

Les théoriciens des conflits communaux s'intéressent surtout aux conflits entre les groupes qui entrent en interaction à l'intérieur des sociétés segmentées qu'ils définissent comme suit:

> a society which is not only comprised of two or more communal groups... but which also manifest the additional feature that these groups are compartmentalized into a more or less complete set of analogous, parallel, non-complementary institutions and organizations together with a more or less distinct culture or subculture. (Pinard, 1975: 2)

Par conséquent, le conflit se développe principalement à partir d'objectifs incompatibles ou d'une distribution inégale des ressources. La plupart des théoriciens s'entendent pour dire qu'il y a une relation positive entre le niveau de segmentation communale et le niveau de conflit (Pinard, 1976: 3). Ainsi, les conflits entre les groupes ethniques se développent dans les sociétés multiculturelles ou pluralistes habituellement caractérisées par un haut degré de segmentation communautaire.

Cette segmentation ethnique, culturelle ou linguistique est généralement causée par des inégalités qui se manifestent dans une structuration des classes sociales lorsque celles-ci se transforment en classes ethniques. À long terme, cette hiérarchisation constitue la base d'un ensemble de revendications qui contribue au développement d'un système de croyances favorisant la naissance et le maintien d'une conscience et d'une loyauté ethnique.

Le premier élément de comparaison à relever est certainement le fait que la segmentation ethnique et structurelle de la société québécoise est plus poussée et plus complète pour les francophones que la segmentation ethnique et culturelle de l'Ontario. La situation sociale et politique de ces deux groupes de francophones est très différente. En effet, les francophones du Québec représentent 82,4% de l'ensemble de la population québécoise, alors que les francophones de l'Ontario (selon la langue maternelle) ne représentaient que 5,5% de la population ontarienne en 1981. Les francophones du Québec ont à leur disposition un réseau très complet d'institutions de langue française qui s'étend jusqu'au gouvernement et à la fonction publique, et ce réseau encadre très bien l'ensemble de leurs interactions. Les francophones de l'Ontario, de par leur situation démolinguistique et leur éparpillement géographique (Rapports Savard et Saint-Denis; Juteau-Lee, 1980), doivent souvent partager des institutions avec la majorité de langue anglaise (il en va de même pour les écoles de langue française), de telle sorte que leurs interactions se font aussi bien à l'intérieur du groupe ethnique qu'à l'extérieur. Ils possèdent des églises, des écoles et certains services en français, mais ce réseau ouvert et osmotique ne délimite pas l'ensemble de leurs interactions. Dans les deux cas, le niveau et le genre de segmentation sont très divergents. La concentration ethnique, l'occupation du territoire ainsi que l'organisation structurelle diffèrent d'une situation à l'autre.

Les francophones du Québec peuvent vivre à l'écart des autres groupes ethniques du Québec, mais les francophones de l'Ontario ne peuvent pas en faire autant.

De plus, la hiérarchisation ethnique, qui place certains groupes dans une position d'infériorité économique et sociale qui se reproduit à travers l'histoire, alimente les stratégies et les justifications pour éliminer ces inégalités. Il en résulte des conflits qui consolident les appartenances. Durant les années 1960, de nombreuses études ont présenté les inégalités ethniques au Canada, et la plupart de ces analyses ont établi très clairement que les francophones du Québec occupaient le bas de l'échelle socio-économique. Si le revenu des Canadiens d'origine française s'établissait à 80% du revenu des Canadiens d'origine britannique en 1961 (Commission B.B., Livre III: 16); ce qui représente un désavantage de 20%, en Ontario cette différence était de 12% (F.F.H.Q., Vol., 1: 21). De fait, le clivage ethnique s'embrouille en Ontario: les disparités entre les Franco-Ontariens sont plus grandes que les disparités entre les Franco-Ontariens et l'ensemble de la population ontarienne (Allaire et Toulouse, 1973: 181).

Ces inégalités socio-économiques ont constitué, pour les francophones du Québec, un ensemble de doléances qui se trouvait à la base du développement d'un système de croyances et de projets collectifs qui devaient conduire à la création d'un État-nation québécois pour rétablir l'égalité et ainsi modifier la stratification ethnique au Québec.

Ces doléances ont été insérées dans un système idéologique qui proposait l'indépendance du Québec et qui devenait par le fait même un outil efficace de mobilisation collective pour le maintien d'une conscience québécoise, d'une loyauté et d'un sentiment très vif d'appartenance au Québec. Mais, en même temps que ce programme prenait racine au Québec avec la fondation, la montée et l'accession au pouvoir du Parti québécois, des Canadiens français, dirigés par Pierre Elliott Trudeau, empruntaient la voie fédéraliste pour améliorer la position des francophones à l'intérieur d'un Canada bilingue et biculturel. En Ontario, l'infériorité socio-économique des francophones n'est pas assez évidente ou n'est pas perçue comme assez marquante, pour devenir un élément d'intensification du conflit ethnique. Les francophones se laissent porter par la vague bilingue et biculturelle des gouvernements fédéral et provincial qui doivent rétablir leur position. De plus, très souvent, l'assimilation est présentée comme un palliatif des inégalités sociales et économiques.

Au Québec, il est clair que la hiérarchisation ethnique est un facteur déterminant pour la transformation des intérêts latents des francophones en intérêts manifestes, qu'ils soient d'ordre culturel, social, économique ou politique. Le passage des intérêts latents aux intérêts manifestes, donc d'une situation de quasi-groupe à une situation de groupe d'intérêts, entraîne en même temps le développement d'un conflit qui devient aussi plus ouvert. (Pour plus de détails, il faut consulter les théories du conflit social de Ralf Dahrendorf qui présente une analyse des plus intéressantes.) En Ontario, les revendications officielles en sont encore au niveau culturel, et surtout linguistique, et la segmentation ethnique différentielle moins évidente qu'au Québec ne provoque pas d'intensification du conflit ethnique.

De fait, la segmentation ethnique n'est pas seulement un élément qui déclenche le conflit, mais c'est en même temps un élément qui intensifie le conflit entre les deux groupes en relation. Les éléments structurels de la segmentation favorisent la politisation des conflits ethniques. Les francophones du Québec sont majoritaires et se trouvent dans une situation de segmentation poussée; ils peuvent donc assez facilement politiser les conflits, élire un parti politique qui répondra à leurs aspirations et qui prendra en considération leurs revendications, pour former, en dernier lieu, une communauté politique. De leur côté, les Franco-Ontariens ne peuvent que très difficilement politiser un conflit sans provoquer un ressac de la part de la majorité. Ils réussissent habituellement à élire quelques députés qui présenteront les revendications les moins compromettantes politiquement, en espérant que la majorité anglaise sera généreuse. La dimension politique de la communauté franco-ontarienne commence à poindre à l'horizon au début des années 1980, mais il s'agit surtout de revendications à caractère linguistique: des écoles françaises, des services sociaux en français, etc.

Même si la segmentation différentielle peut entraîner un certain niveau d'instabilité dans la société, la segmentation ne peut pas, à elle seule, déterminer le niveau d'accommodation d'une situation conflictuelle, car elle s'inscrit dans un ensemble de conditions qui favorisent ou qui régularisent le conflit. Les éléments de modération peuvent se retrouver aux niveaux culturel et structurel et la régularisation est amorcée par les agents de contrôle social.

Les francophones du Québec, alors qu'ils connaissent des situations de conflits reliées à la segmentation, vivent aussi les pressions des forces intégrationnistes, surtout associées à la communication des élites, à la force d'intégration politique du système judiciaire et de la fonction publique, et à la position de minoritaires sur le continent nord-américain. Un autre élément d'intégration qui provoque un niveau plus élevé d'accommodation se retrouve dans la structure même du monde du travail, où les différents secteurs de l'économie sont interdépendants. Le système fédéral constitue une force d'intégration nationale plus importante pour les francophones de l'Ontario que pour les francophones du Québec, parce que le fédéral représente, par ses politiques linguistiques et culturelles axées sur le bilinguisme et le biculturalisme, une porte de salut pour la minorité francophone de l'Ontario. D'un autre côté, le monde du travail est considéré par les analystes comme l'élément assimilateur le plus contraignant pour les francophones de l'Ontario: la langue parlée est l'anglais, et cette situation d'interactions quotidiennes avec le groupe anglophone représente une force d'intégration majeure que nous ne retrouvons pas avec autant d'acuité au Québec. De plus, l'exogamie et le bilinguisme de la population francophone de l'Ontario sont des phénomènes qui provoquent des transferts linguistiques et, par conséquent, ils deviennent des facteurs qui favorisent des relations d'accommodation et d'assimilation (Castonguay, 1979). Même si les forces d'intégration provoquent chez les Québécois des attitudes d'accommodation et des situations de double loyauté - fédérale/provinciale (Pinard, 1980) - qui diminuent le niveau de conflit, ce phénomène est beaucoup plus évident pour les francophones de l'Ontario. Les forces d'accommodation et d'assimilation sont des éléments omniprésents dans la vie quotidienne des Franco-Ontariens.

Un autre élément du conflit ethnique qu'il faut considérer concerne la possibilité et le pouvoir d'organisation et de mobilisation des membres du groupe qui veulent modifier leurs conditions d'existence et aplanir les inégalités ethniques. Les membres du groupe doivent entrevoir des possibilités de changements et l'émergence d'un leadership fort pourra entraîner une mobilisation qui déclenchera dans la société un processus de changements rapides. Les possibilités d'organisation et de mobilisation chez les francophones ontariens sont très limitées: éparpillement, transferts linguistiques, moyens de communication très limités, leadership qui manque d'appuis et intégration structurelle plus marquée. Voilà des conditions qui ne favorisent pas la mobilisation pour intensifier le conflit et développer une conscience de groupe. Pour les francophones du Québec, presque tous les éléments de mobilisation et d'organisation sont présents et participent à l'intensification du conflit ethnique.

De plus, le processus de changements rapides au Québec depuis le début des années 1960 a rendu encore plus visibles les injustices qui sous-tendent l'inégalité et il a aiguillonné la conscience des membres du groupe face à ces injustices. La Révolution tranquille a provoqué, chez les francophones de l'Ontario, un processus de redéfinition ethnique. Mais la montée de l'identité québécoise a entraîné l'éclatement de la société canadienne-française et une crise d'identité collective chez les francophones de l'Ontario.

La segmentation structurelle, culturelle et ethnique de la société québécoise, les inégalités socio-économiques qui cristallisent les doléances des francophones, les possibilités de politisation des conflits, les pouvoirs d'organisation et de mobilisation à partir d'un système idéologique bien articulé et d'un leadership fort, font que le niveau de conflit ethnique et national est élevé au Québec et qu'une partie considérable des francophones québécois veulent une plus grande autonomie durant la Révolution tranquille. La résurgence ethnique au Québec passe par la naissance et la montée de l'identité québécoise à partir d'une solidarité qui modifie les rapports sociaux à l'intérieur de la société canadienne.

Pour les francophones de l'Ontario, la situation est différente. La faible segmentation structurelle, la segmentation culturelle et linguistique plus floue, les inégalités ethniques moins évidentes, les très faibles possibilités de politisation des conflits, un pouvoir d'organisation et de mobilisation très limité, ainsi qu'un leadership discret font que les relations sociales collectives des francophones de l'Ontario sont plutôt dans une phase d'accommodation ethnique que de conflit ethnique, et que les relations conflictuelles sont très institutionnalisées (Jackson, 1978). Dans ce contexte, la résurgence ethnique des francophones se caractérise par un certain effritement de la solidarité ethnique traditionnelle des Canadiens français du Canada, et par la recherche d'une nouvelle identité collective pour maintenir des frontières ethniques en regard de la société ontarienne et de la société québécoise. Le contexte social du développement des relations de communalisation à l'intérieur des communautés francophones est relativement différent lorsque nous comparons la situation des Québécois à celle des Franco-Ontariens. Il ne faut pas oublier que la communalisation (relations sociales qui conduisent au sentiment subjectif d'appartenir à la même communauté) se produit dans un rapport social déterminé, qui varie fondamentalement d'une région à une autre, et d'une province à une autre. Comme nous le constaterons plus loin, des différences régionales importantes dans l'espace social des francophones de l'Ontario font que nous retrouvons des îlots de vie française dans une situation de minorisation provinciale.

CHAPITRE III

Rencontre de deux mondes

Peuplement et migrations

Le peuplement de l'Ontario par la migration des Canadiens français du Québec et les migrations internes subséquentes modifient sensiblement l'espace des francophones, qui doivent maintenant organiser leur vie quotidienne en regard des nouveaux rapports sociaux et des institutions, du fait que la langue et la culture anglaises sont omniprésentes. Vivre en français en Ontario ne recoupe pas la même réalité que vivre en français au Québec.

Ce nouvel espace social franco-ontarien, et les groupes qui l'occupent, sont le produit de luttes historiques et de conditions, dont l'aboutissement est fonction des positions hiérarchiques respectives. Les rapports sociaux engendrent des conditionnements (habitus) associés à une classe particulière et définissent la spécificité des structures cognitives et symboliques (pensées, perceptions, dispositions, propensions et expressions, etc.) qui produisent le sens de la réalité quotidienne et orientent les actions et les pratiques. Notre culture est donc assujettie aux conditions historiques d'existence qui remontent aux conjonctures démographiques (revanche des berceaux), économiques (le retard industriel) et religieuses (idéologie nataliste et ruraliste) du Québec ayant provoqué et favorisé les migrations vers l'Ontario.

Les migrants canadiens-français du Québec sont communément d'origine sociale modeste, voire d'origine prolétarienne. Cet habitus, historiquement et socialement constitué, contribue à la situation actuelle des Franco-Ontariens, parce que les migrants reproduisent naturellement, dans la société de destination, l'état individuel et collectif qui prévalait dans la société d'origine. La continuité sociale et occupationnelle, qui marque plus particulièrement les migrations d'une région périphérique à une autre, a caractérisé l'ensemble des mouvements migratoires du Québec vers l'Ontario. Le passé est une force agissante du présent et il traverse l'univers culturel des Franco-Ontariens. En le niant, nous refusons l'explication des trajectoires sociales franco-ontariennes déterminées par l'histoire que nous produisons et l'habitus que nous reproduisons depuis le début de notre histoire.

L'analyse de ces migrations et du peuplement français de l'Ontario reste encore à faire en grande partie, mais les historiens qui s'intéressent de plus en plus à ce phénomène le restreignent trop souvent au seul fait de la colonisation. Si une majorité de migrants canadiens-français, à une certaine époque, ont colonisé l'Est et le Nord-Est de l'Ontario, il ne faut tout de même pas limiter la migration à la conquête du sol ontarien à partir d'une idéologie agriculturiste et nationaliste canadienne-française. L'ensemble de la migration canadienne-française vers l'Ontario dépasse largement les cadres de la colonisation, mais malheureusement les études des réseaux migratoires urbains pour le démontrer sont encore à l'étape de l'élaboration préliminaire.

Selon R. Brodeur et R. Choquette (*Villages et visages de l'Ontario français*), la première communauté canadienne-française en Ontario remonte à 1701, lors de la fondation et de l'établissement du fort Pontchartrain, tout près de la ville de Détroit. En 1760, cette colonie comptait environ 2 500 habitants; un siècle plus tard, par accroissement naturel et par l'émigration que connaissent le Québec et d'autres régions de l'Amérique du Nord, 14 000 francophones vivaient dans les comtés d'Essex et de Kent, dans le Sud-Ouest ontarien près de la frontière américaine. Au milieu du XIXe siècle, en partie à cause de l'industrialisation massive de la péninsule du Niagara et du Sud-Ouest ontarien, plusieurs francophones s'établissent dans cette région, attirés par le développement économique. Il ne faut pas croire que le mouvement de population se fait toujours directement du Québec au Sud-Ouest de l'Ontario, mais souvent, après une migration dans une région limitrophe du Québec, les Canadiens français passent ensuite aux régions industrielles de l'Ontario. Les mouvements de population interprovinciaux sont fort complexes, mais à ces migrations s'ajoute tout le réseau de migrations internes qui suit habituellement le déplacement initial.

De son côté, l'Est ontarien, c'est-à-dire les comtés de Prescott, de Russell et de Glengarry, et la région s'étendant de Cornwall à Ottawa en passant par Hawkesbury, accueille des Canadiens français du Québec depuis trois siècles. Avant 1760, il y avait surtout des chasseurs, des trappeurs et des coureurs des bois pour la traite des fourrures; vers le milieu du XIXe siècle, des travailleurs intéressés par l'exploitation forestière dans les régions d'Ottawa, Hull, Pembroke et Mattawa; enfin, durant la deuxième moitié du XIXe siècle, le peuplement rural et agricole est axé sur l'achat et la colonisation de terres. L'établissement des francophones dans l'Est ontarien s'est effectué principalement durant la deuxième moitié du XIXe siècle. Encore aujourd'hui, cette région regroupe une proportion importante de la population francophone de l'Ontario, et les comtés de Prescott et Russell sont peuplés à 76,6% et 74,8% (selon le recensement de 1981) par des personnes de langue maternelle française.

C'est à partir de la seconde moitié du XIXe siècle que les francophones s'installent dans le moyen Nord, c'est-à-dire la région de North Bay, Sudbury et Sault-Sainte-Marie, et à partir du début du XXe siècle qu'ils commencent à coloniser le grand Nord ontarien. Brodeur et Choquette résument ainsi la situation: «Si le bois a fait l'Outaouais, ce sont les chemins de fer et les mines qui ont fait le Nord de l'Ontario.» (p. 15)

Cette deuxième vague de migrations est suscitée, pendant les années 1800-1890, par la construction du Pacifique-Canadien qui part de Montréal, passe par Ottawa, Mattawa, North Bay, Sudbury et se dirige vers l'Ouest canadien. Un mouvement de colonisation s'amorce et plusieurs francophones du Québec s'installent dans le moyen Nord ontarien. Il est difficile d'identifier une activité économique particulière parce qu'elle varie selon les régions de destination. Alors que plusieurs se consacrent à l'agriculture dans la région de Sturgeon Falls et dans les environs de Sudbury, d'autres s'intègrent aux industries forestière et minière. Mais encore là nous ne possédons pas beaucoup de documents sur cette période, ou ceux-ci ne sont pas facilement accessibles.

La troisième vague coïncide avec l'ouverture du grand Nord de l'Ontario, au début du XXe siècle. Une vaste région qui s'étend de North Bay vers le sud jusqu'à Cochrane vers le nord, en longeant la frontière québécoise, s'ouvre au peuplement et au développement grâce à la construction de trois gigantesques chemins de fer qui s'entrecroisent (Gervais, 1981).

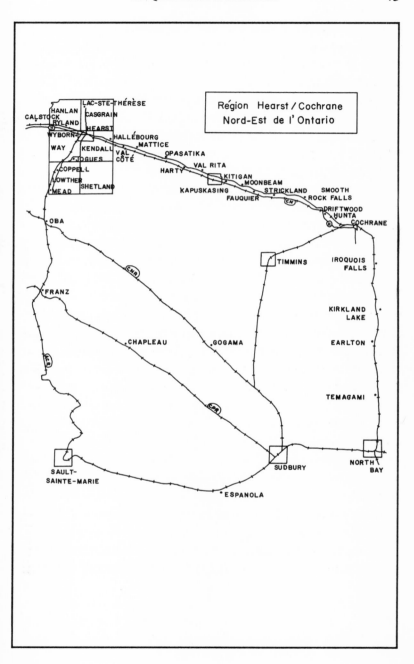

Région Hearst / Cochrane
Nord-Est de l'Ontario

Le National Transcontinental Railway, qui deviendra ensuite le Canadian National Railway, veut unir les villes de Québec et de Winnipeg. Ce chemin de fer arrive à Cochrane en 1908, à Kapuskasing en 1912 et à Hearst en 1913. De son côté, le Temiskaming and Northern Ontario Railway qui devient, en 1946, l'Ontario Northland Railway, arrive à New Liskeard en 1905, à Matheson en 1906 et à Cochrane en 1908. La construction de ce chemin de fer donnait accès aux grandes richesses forestières et minières, reliant économiquement le Nord de l'Ontario au Sud, et limitant ainsi l'influence de Québec et de Montréal sur cette partie du territoire ontarien. C'est la course aux richesses naturelles et l'expansion vers le nord jusqu'à la baie d'Hudson. L'Algoma Central Railway qui unit les villes de Hearst et de Sault-Sainte-Marie est complété en 1914.

Une partie importante des migrants canadiens-français qui s'installent dans le grand Nord ontarien s'adonnent surtout à l'agriculture. Mais, un mouvement parallèle de migration est amorcé en même temps par la province de l'Ontario, pour contrecarrer l'expansion du Québec et limiter la zone d'influence de l'Église catholique.

Could Ontario take steps to counter the north-westward expansion of Québec farmers and Roman Catholic priests? Was it possible to build a port on James Bay which would give to Ontario and Toronto an ocean outlet to rival that of Montréal? (Tucker, 1978: 4)

Migrations interrégionales

Si les migrations entre l'Ontario et le Québec constituent les migrations interprovinciales les plus imposantes au Canada, les mouvements de population à l'intérieur de l'Ontario doivent retenir l'attention. En effet, en consultant les données démographiques, nous réalisons que le Nord-Est de l'Ontario subit une perte de 1 600 citoyens de langue maternelle française en regard des autres régions de l'Ontario, mais que, durant la même période (1966-1971), il reçoit du Québec 4 200 francophones. Pour l'ensemble de cette période, le Nord-Est de l'Ontario réalise un gain de 2 400 francophones par rapport à l'ensemble du Canada, même s'il connaît un léger bilan migratoire négatif (-700) pour l'ensemble de sa population (tableau 3-1).

Pour ce qui est du lustre 1971-1976, nous remarquons que le Nord-Est de l'Ontario essuie une perte de francophones de l'ordre de 2 800 par rapport aux autres régions de l'Ontario et présente un bilan négatif de 1 800 par rapport au Québec. Ce bilan négatif constitue un renversement de situation en regard de la période précédente, et un accroissement de la perte de population francophone avec le reste de l'Ontario. Mais il faut aussi noter que, durant cette période, le Nord-Est connaît un bilan négatif de 22 200 avec l'ensemble du Canada relativement à la population totale. Un autre phénomène révélateur réside dans le fait que le mouvement vers l'Ouest canadien à partir du Nord-Est de l'Ontario a plus que doublé du lustre 1966-1971 au lustre 1971-1976, fort probablement à cause d'un ralentissement du développement dans le Nord-Est et d'un développement accéléré de l'industrie pétrolière de l'Alberta. Comme nous pouvons le constater, les mouvements se font à peu près dans tous les sens et à certains moments les tendances se renversent

En consultant le tableau 3-2, nous notons que l'Est de l'Ontario constitue, pour le lustre 1966-1971, un pôle d'attraction privilégié par les migrants de l'ensemble du Canada, mais que cette force d'attraction diminue considérablement pour le lustre 1971-1976. Lors de ces deux périodes, les francophones du Nord-Est sont attirés vers l'Est et le Sud de l'Ontario et le bilan migratoire s'établit à 500 pour le premier lustre et à 1 200 pour le deuxième en faveur de l'Est. Pendant cette même période, l'Est de l'Ontario perd 2 700 francophones au premier lustre et 3 400 au deuxième au profit de la région de l'Outaouais québécois, mais en gagne 3 100 au premier lustre et 2 700 au deuxième, des autres régions du Québec. Encore une fois, nous remarquons l'entrecroisement des mouvements. Les liens migratoires entre le Québec et l'Ontario s'avèrent importants pour les francophones, mais aussi pour les anglophones, alors que 17 200 Québécois de langue anglaise sont passés à l'Est de l'Ontario durant les deux périodes à l'étude, soit 1966-1971 et 1971-1976 (Lachapelle et Henripin, 1980: 232). Le développement accéléré du Sud de l'Ontario depuis le début des années 1980 ne peut qu'accentuer cette propension: le nombre de francophones de l'Ontario qui se retrouvent dans le Sud augmente considérablement. Ces mouvements s'accompagnent de situations nouvelles, de minorisation plus poussée.

Lorsque nous consultons le tableau 3-3, nous réalisons que la région de Montréal connaît un bilan migratoire négatif avec l'ensemble de l'Ontario, qu'il s'agisse des populations de langue anglaise, française ou autre. La perte est impressionnante pour la population de langue anglaise: pour les lustres 1966-1971 et 1971-1976, 27 700 et 26 500 citoyens de langue anglaise quittent Montréal pour s'établir en Ontario.

Dans les quelques paragraphes qui précèdent, nous avons décrit brièvement les liens migratoires entre le Québec et l'Ontario à partir des bilans migratoires et des données démographiques qui permettent la quantification des mouvements de population. Les migrations interprovinciales et internes se situent dans les phénomènes concomitants de la déruralisation et de l'industrialisation des deux provinces. Cette situation déclenche des poussées migratoires que plusieurs analystes qualifient d'exode rural et d'exode québécois. La formation et le développement des communautés canadiennes-françaises de l'Ontario reposent en partie sur la migration des Canadiens français du Québec, de telle sorte que la mesure et l'analyse des migrations permettent de tracer un portrait du peuplement français de l'Ontario et de suivre la situation démolinguistique qui représente un des éléments de base de l'évolution de l'identité des Canadiens français de l'Ontario. Mais ce phénomène de migration n'est pas un événement que l'on peut facilement situer dans l'espace et le temps; par conséquent, nous devons considérer ce phénomène dynamique dans l'ensemble des migrations internes, interrégionales et interprovinciales des Franco-Ontariens. Mais soutenir que la migration est un élément central de l'histoire franco-ontarienne n'ajoute pas de notions nouvelles à l'interprétation sociologique de l'identité ethnique.

Pour revenir à la problématique initiale, il faut se demander si les réseaux migratoires, continus et enchevêtrés les uns dans les autres, participent au maintien ou à l'effritement du processus de communalisation des Franco-Ontariens. Ces réseaux migratoires sont-ils porteurs de nouvelles situations sociales qui peuvent modifier la croyance subjective à la communauté franco-ontarienne?

D'une part, nous pouvons affirmer que la migration québécoise vers l'Ontario est à l'origine de la formation des communautés francophones de l'Ontario (et cette émigration qui constitue, encore aujourd'hui, un apport constant de vie française), et devient un facteur de maintien des communautés francophones de l'Ontario. Mais, en même temps, plusieurs réseaux de migrations internes modifient les rapports de forces: de majoritaires qu'ils étaient, surtout dans les villes et villages de l'Est et du Nord de l'Ontario, les Canadiens français deviennent minoritaires, notamment dans les villes du Sud-Ouest et du Centre de l'Ontario. La migration interne, associée à l'urbanisation et à l'industrialisation, est presque toujours considérée comme un élément d'effritement de la croyance à la communauté franco-ontarienne, parce que cette migration est porteuse d'un changement dans la pratique de la vie quotidienne de la communauté. Les mouvements migratoires des francophones de l'Ontario conditionnent le processus de communalisation et les stratégies de maintien de la communauté. La volonté de vivre en français doit s'accommoder d'une modification profonde de l'espace culturel et structurel franco-ontarien. Cette modification risque d'éliminer les frontières ethniques, de transformer les structures sociales de la pratique quotidienne, de transmuer les représentations symboliques reliées à la croyance subjective à la communauté franco-ontarienne, et de miner, par le fait même, le sentiment d'appartenance qui émane d'un système de relations sociales fort différent de celui que nous avons connu lors de la colonisation.

Dans les prochaines pages, nous tracerons les grandes lignes des changements de l'espace social et culturel des francophones depuis le début du siècle. Ces changements, provoqués par l'urbanisation et l'industrialisation, entraînent les francophones de l'Ontario à vivre de plus en plus à la croisée de deux mondes: l'un anglais, l'autre français. Il est à se demander si l'univers culturel français n'est pas transpercé par l'univers culturel anglais qui risque de l'effriter.

Le noyau religieux de la culture

Les prêtres colonisateurs qui organisent et dirigent certains réseaux migratoires des Canadiens français du Québec vers l'Ontario veulent que la société franco-ontarienne demeure une société rurale avec mission d'être catholique, française et agricole. Il est reconnu que, de 1840 à 1930, le clergé, en tant que définisseur légitimé de l'idéologie du peuple canadien-français au Québec, et dans les autres provinces du Canada, accordait la prédominance à la mission agricole, providentielle et messianique.

Le rôle que le clergé a joué au sein du peuplement canadien-français de l'Ontario est difficile à cerner avec précision, parce que les documents disponibles se retrouvent surtout dans les archives diocésaines, et qu'ils tendent à amplifier le rôle véritable du clergé lors de la migration des Québécois vers l'Ontario. Ce problème peut conduire le chercheur à des interprétations hâtives qui ne seraient pas conformes à l'expérience des migrants. Dans l'interprétation de l'histoire, il ne faut pas se laisser entraîner par les mythes migratoires qui ramènent souvent le peuplement de l'Ontario français à la colonisation orchestrée par le clergé.

Une autre mise en garde s'impose. Si, depuis la Révolution tranquille, l'identité québécoise s'affirme de plus en plus, et que les autres minorités francophones du Canada doivent se redéfinir ethniquement, ce phénomène est récent et, à une certaine époque qui précède la Révolution tranquille, l'histoire de l'une était imbriquée dans celle de l'autre.

Dans cette société traditionnelle et rurale, l'Église et la famille vont jouer un rôle vital pour assurer l'actualisation des idéologies de survivance et d'épanouissement de la langue et de la culture françaises afin de réaliser la mission divine. La langue française apprise à la maison, au contact du voisinage et à l'école, et la culture canadienne-française intégrée à sa personnalité, ne sont pas menacées lorsque le cultivateur laboure ses champs, visite une famille canadienne-française ou assiste à une messe en latin. De plus, son arrivée étant récente, il garde des contacts très étroits avec ses amis et parents du Québec. Dans sa situation, il ne vit pas de grands conflits entre ses intérêts socio-économiques et ses intérêts linguistiques, culturels et ethniques. Il fait habituellement partie d'un village relativement homogène et majoritairement composé de Canadiens français. À cette époque, où la langue est gardienne de la foi et la foi gardienne de la langue, les relations primaires ou même secondaires avec les membres d'une autre ethnie ou d'une autre religion sont pratiquement inexistantes, et les possibilités d'assimilation et d'intégration à la majorité anglaise de l'Ontario sont minces. Dans cette société, la famille et l'Église sont les principales institutions de survie et d'épanouissement ethniques.

Pour épauler la famille et l'Église dans la mise au point d'une stratégie de continuité culturelle et linguistique, les Canadiens français de l'Ontario ont, depuis les débuts de la colonisation, essayé de mettre sur pied un réseau d'écoles françaises et de faire reconnaître leurs droits à l'éducation et à l'instruction en français. L'apprentissage du français, comme la transmission des valeurs, des coutumes et du mode de vie de la communauté francophone, appelle un système scolaire français pour que se poursuive le processus de socialisation entrepris par la famille. L'histoire des francophones de l'Ontario s'est cristallisée autour de la lutte pour l'obtention d'écoles françaises.

La communauté francophone de l'Ontario a toujours considéré l'éducation comme l'une des forces les plus importantes, sinon la plus importante, de sa survivance en tant que groupe culturel. L'éducation dans sa langue maternelle permet au Franco-Ontarien de bénéficier des valeurs de son groupe et de son mode de vie de la même façon qu'un Ontarien anglophone dans les écoles où l'anglais est la langue d'instruction et de communication. (Rapport Bériault, 1968: 14)

Vers 1840, au début donc de la migration québécoise vers l'Est et le Sud de l'Ontario, des écoles primaires de langue française et de langue anglaise furent créées. Le 24 avril 1857, le Dr Egerton Ryerson, surintendant en chef de l'éducation dans le Haut-Canada, établissait, dans une lettre aux commissaires de Charlottenburg, une ligne de conduite pour l'enseignement en français:

En réponse à votre lettre du 16, j'ai l'honneur de vous informer que le français étant la langue officielle du pays au même titre que l'anglais, les commissaires peuvent légalement autoriser l'enseignement des deux langues dans leur école si les parents veulent que leurs enfants apprennent les deux langues. (Rapport Bériault, 1968: 16)

En 1885, après l'affaire Riel, l'attitude change, et George Ross, ministre de l'Éducation de l'Ontario, décrète que l'anglais est devenu obligatoire dans toutes les écoles publiques, excepté si l'élève ne comprend pas cette langue. Cette exception devient une échappatoire qui permet à la minorité de maintenir un enseignement en français. À cette époque, les conflits qui entourent les écoles bilingues et les écoles anglaises catholiques deviennent une question politique délicate et controversée pour le gouvernement, et créent une situation intenable pour les francophones. Un comité sous la présidence du Dr F.W. Merchant (haut fonctionnaire du ministère de l'Éducation) publie son rapport en 1912. On y affirme que les écoles bilingues sont peu efficaces, que les enseignants ne sont pas qualifiés, et on recommande que le français ne soit utilisé que de la première à la cinquième année, et l'anglais, après la cinquième année. Le Premier ministre Whitney ne l'entend pas de la sorte, et il impose, par des règlements ministériels, de sérieuses restrictions à l'usage du français dans les écoles bilingues.

Instruction in English shall commence at once upon a child entering school, the use of French as the language of instruction and of communication to vary according to local conditions upon the report of the supervising inspector, but in no case to continue beyond the end of the first form. (F.A. Walker in Choquette, 1975: 166)

Peu après la publication de ce rapport, le gouvernement de l'Ontario déclare, par l'entremise du règlement XVII, que l'anglais est la seule langue d'enseignement dans toutes les classes, excepté pour le premier cycle (de la première à la troisième année). Après ce premier cycle, l'anglais est la langue d'enseignement et le français devient une matière supplémentaire. Les 200 000 Canadiens français de l'époque considèrent que cette loi est une menace à leur existence culturelle et linguistique, une tentative d'assimilation odieuse et injuste de la part du gouvernement. Ils organisent une résistance énergique et tentent de maintenir des écoles françaises en dépit de la loi.

En 1925, le second rapport Merchant recommande deux catégories d'écoles bilingues: publiques et séparées. Il accepte les écoles primaires bilingues sans toutefois abolir le règlement XVII. À la suite de ce rapport, en 1927, les esprits sont plus conciliants, l'enseignement en français est accepté officieusement, et on accorde la permission d'ouvrir une école normale pour les professeurs francophones à l'Université d'Ottawa.

Durant la période du règlement XVII, soit de 1912 jusqu'au deuxième rapport Merchant paru en 1925, les Canadiens français de l'Ontario avec l'appui de l'Association canadienne-française d'éducation de l'Ontario, du journal le **Droit,** ainsi qu'avec l'aide de l'élite canadienne-française, du clergé, des religieux et des religieuses, organisent des écoles élémentaires françaises catholiques où la langue d'enseignement est habituellement le français et où l'on tente de créer une atmosphère française pour répondre aux besoins de la population francophone. Les communautés religieuses et le clergé mettent sur pied des collèges et des couvents de niveau secondaire, pour les jeunes garçons et les jeunes filles. Ils suivent l'exemple des collèges classiques du système québécois. Très souvent, ils maintiennent ces institutions au prix de lourds sacrifices et malgré des conditions financières difficiles.

Il était inconcevable, dans ce milieu, que l'enseignement en français ne se fasse pas dans un environnement catholique. La langue française et la religion catholique, dans une relation réciproque, constituent le noyau central de la culture canadienne-française. Il en sera ainsi jusqu'au début des années 1970, alors que l'idée d'une éducation française non catholique prend forme très lentement.

À cette époque, pour la société canadienne-française

surtout rurale et traditionnelle, le système d'éducation du
niveau élémentaire répondait assez bien aux besoins de ce
type de société. Les écoles françaises qui existaient dans les
«rangs» regroupaient la plupart des jeunes Canadiens français
dans presque toutes les localités rurales. L'organisation en
était simplifiée du fait qu'ils faisaient partie de paroisses
homogènes et que les écoles étaient très souvent fréquentées
exclusivement par des Canadiens français.

Cet aménagement porte fruit dans une société agricole
où les enfants ont l'intention de suivre les pas de leurs parents
et de demeurer dans le secteur rural. La famille joue alors un
rôle de premier plan pour la survie de la société minoritaire
canadienne-française; l'éducation poursuit le projet familial
en favorisant la socialisation ethnique et l'acquisition de
nouvelles connaissances avec le français comme langue
d'enseignement. De plus, le jeune qui fréquentait l'école
française en bénéficiait longtemps parce que sur sa terre
l'anglais, la langue de travail de l'Ontario, ne l'atteignait pas.
En ce sens, le retranchement assurait une protection
linguistique et culturelle. Les moyens de communication très
restreints ne constituaient pas non plus une menace à la survie
du groupe un peu isolé dans sa vie quotidienne, rurale et
agricole, ses écoles élémentaires françaises et catholiques, et
sa messe du dimanche en latin.

Nous pouvons conclure qu'à cette époque la socialisation par la famille et l'école représente une composante
essentielle pour la survie de cette société rurale et traditionnelle, regroupée dans des paroisses sans contact avec le
groupe majoritaire anglophone. La culture et la langue françaises ne sont pas perçues comme des éléments négatifs qui
entravent la réussite économique. La qualité du labour ou le
rendement des semences ne dépendent pas de la langue ou de
la culture du colon, même si la non-connaissance de l'anglais
a souvent limité sérieusement le développement d'une agriculture scientifique dans le milieu canadien-français de

l'Ontario.   Le rapport Saint-Denis résume cette époque
comme suit:

> De 1912 à 1927, les Franco-Ontariens vivent les moments les plus
> cruciaux de leur histoire.   Cette période favorise la gestation d'une élite
> franco-ontarienne qui consolide ses forces et les ramifie dans tous les coins
> de la province.   Avec l'aide du clergé, elle instaure des collèges classiques
> et des couvents, non seulement à Ottawa, mais aussi à Sudbury et ailleurs.
> La communauté franco-ontarienne est pourvue dorénavant des structures
> essentielles à sa survivance culturelle.   Les Franco-Ontariens font déjà
> partie du Canada français; leur culture n'est pas plus menacée que celle des
> Québécois.   Ils forment une société rurale et traditionnelle; cependant, une
> nouvelle période de leur histoire s'ouvre avec l'industrialisation crois-
> sante de l'Ontario. (Rapport Saint-Denis, 1969: 37)

Dans ce contexte, la culture française n'est pas
menacée, et la volonté de vivre en français en Ontario s'inscrit
pleinement dans l'actualisation de la vie et de la culture
françaises au Québec.   Nous ne pouvons pas séparer ces
projets collectifs parce qu'ils font partie d'un même ensemble, et la vitalité de la communauté canadienne-française
du Québec déteint sur les projets de survivance des Canadiens
français de l'Ontario. Les luttes scolaires qui conduisent à
l'établissement d'écoles françaises, une étape essentielle dans
la mise en place de structures pour assurer la survivance,
symbolisent l'affirmation de la volonté de vivre en français en
Ontario En effet, les luttes scolaires cristallisent les rapports
sociaux conflictuels entre les communautés anglaise et
française, rendent visible l'inégalité de ces rapports de force,
et mettent en relief les différences qui séparent les anglophones des francophones.

Ce rapport conflictuel conduit au développement des
différences et à la naissance d'un sentiment subjectif
d'appartenance à la communauté française de l'Ontario. Les
luttes pour l'obtention des écoles françaises deviennent la

toile de fond d'une conjoncture qui favorise le développement de relations de communalisation qui développent l'appartenance ethnique. Si l'obtention des écoles françaises en Ontario marque une étape cruciale de la mise sur pied d'un réseau d'institutions devant assurer la survivance, il ne faut pas oublier que les conflits linguistiques et religieux entourant ces démarches représentent un élément essentiel de l'affirmation des droits et de l'identité culturelle de la collectivité française de l'Ontario: ils sont des Canadiens français catholiques.

Notre éducation a été, pendant plus d'un siècle, fondée sur des concepts comme la punition du péché, l'aveu de nos fautes, le repentir de nos faiblesses et la grâce. L'Église et l'éducation étaient le prolongement institutionnel de la structure culturelle qui regroupait la langue et la religion. Il existait dans ce système une logique inconsciente, de résignation et d'abnégation, qui rendait plus facile l'acceptation de notre infériorité socio-économique. Selon le fatalisme populaire, nous étions nés pour un petit pain, mais qu'à cela ne tienne, la vraie récompense n'était pas de ce monde.

La religion produit des mentalités, des conceptions de l'individu et du monde, des représentations sociales, des valeurs culturelles (le sens de la vie et la vision du monde), et oriente les comportements quotidiens: éducation catholique, soumission à l'autorité, le salut par la terre, valorisation du dépouillement, sexualité centrée sur la procréation, importance de la famille, projection de l'être dans l'au-delà, etc. La religion catholique forme donc l'élément ethnoculturel profond que nous devions conserver à tout prix. Elle était à la base de la culture franco-ontarienne traditionnelle. Cette réalité représentée de la nature, de soi, des autres et de Dieu consolide les rapports des hommes entre eux, en même temps que ces rapports produisent la réalité imprégnée par la pensée religieuse. La religion domine la vie sociale franco-ontarienne parce que nos actions et nos rapports sociaux engendrent et légitiment la domination de la religion institutionnalisée qui, à son tour, reproduit les rapports et les relations (historiquement et socialement constitués) qui la placent au centre de la vie sociale. Jadis, nous étions, comme le Québec et avec le Québec, une société religieuse: la religion était le noyau dur de la culture et, par conséquent, le pivot de tout le processus de socialisation.

Du village à la ville

Après 1930, l'espace social et linguistique des francophones commence à se modifier. Nous assistons en Ontario à une poussée vers l'industrialisation et plusieurs Canadiens français doivent quitter leur village pour trouver du travail dans des usines situées habituellement dans les centres industriels et urbains de l'Ontario. Le Sud devient de plus en plus l'axe économique de la province et une région de destination privilégiée pour les migrants canadiens-français, alors que le Nord, avec ses mines, ses usines de pâtes et papiers et ses moulins à scie, passe lentement d'une société rurale et agricole à une société essentiellement industrielle et urbaine. Cette urbanisation change la physionomie des communautés canadiennes-françaises traditionnelles. L'environnement social des francophones doit s'ouvrir obligatoirement sur un autre monde et, comme le dit si bien Everett C. Hughes, «industry is always and everywhere a great mixer of people». C'est le début de la phase finale de déruralisation des Canadiens français de l'Ontario.

Le Québec vit le même changement, à peu près à la même époque, mais sans une modification sensible de l'espace linguistique et culturel. Les Canadiens français demeurent majoritaires dans leur nouvel environnement industriel et urbain. Montréal fait quelque peu exception à cette règle.

En 1931, nous comptons encore 30,4% des Canadiens français dans le secteur agricole et 24,3% sont des manoeuvres et des ouvriers non spécialisés, alors que pour le reste des Ontariens les pourcentages sont respectivement de 27,2% et de 15,8%. En 1951, nous constatons que 11,8% des Canadiens français vivent encore de l'agriculture, tandis que 20,5% travaillent comme manoeuvres non spécialisés (Rapports Saint-Denis, 1969: 39). Selon le recensement de 1971, ce passage du milieu rural au milieu urbain se poursuit: 76% des francophones de l'Ontario vivent en milieu urbain et 18,9%, dans un milieu rural non agricole, bien que seulement 4,5% de ces francophones vivent de l'agriculture. Pour décrire ce changement, pour comprendre la rencontre des deux mondes, l'un anglais, l'autre français, nous nous limiterons à la situation du Nord-Est de l'Ontario, qui illustre bien ce processus.

L'avènement du chemin de fer et surtout la construction de la voie ferrée transcontinentale, très importante pour la migration des francophones du Québec, et le Temiskaming and Northern Ontario Railway qui relie North Bay à Cochrane, marquent le début de la colonisation du grand Nord ontarien et symbolisent la rencontre des deux mondes. En 1912, la construction de la voie atteint Kapuskasing, et en 1914 l'Algoma Central Railway se rend jusqu'à Hearst. En 1915, le Canadian Transcontinental Railway inaugure ses services de transport qui relient Toronto à Winnipeg et Québec à Winnipeg. Ainsi l'une des plus grandes lignes de chemin de fer passe par Cochrane, ville incorporée depuis 1910, Kapuskasing et Hearst, qui ne sont, à cette époque, que des points d'arrêt qui regroupent quelques camps autour d'une gare (Marwick, 1950: 1-70). En consultant le tableau 3-4 en annexe, nous pouvons voir l'évolution démographique de ces trois villes de 1921 à 1971.

Le développement du Nord de l'Ontario est un phénomène récent axé sur la mise en valeur de l'agriculture et des industries minière et forestière. Plusieurs Canadiens français quittent le Québec sous l'incitation des prêtres colonisateurs et à l'invitation du gouvernement de l'Ontario.

> Les colons sont venus de toutes les parties du continent pour s'établir ici [le Nord-Est ontarien] d'une façon permanente; ils ont maintenant une église, une école ouverte neuf mois dans l'année. C'est dans ce milieu près de la forêt libre et salutaire, loin des influences démoralisantes des villes qu'ils peuvent grandir et devenir des femmes et des hommes forts. (Gouvernement de l'Ontario, *Terres données gratuitement dans le Nouvel-Ontario*, Ontario, Canada, 1904, p. 13)

Ils s'installent en majorité sur des terres pour vivre de l'agriculture et perpétuent ainsi la vocation agraire du peuple canadien-français. La colonisation du Nord de l'Ontario par les Canadiens français se fait surtout par la terre, et se conforme ainsi aux politiques du gouvernement du Québec et de l'Église catholique, qui souhaitent que la société canadienne-française demeure une société agricole, française et catholique. Le Nord de l'Ontario devient un prolongement naturel du territoire québécois et de la société rurale canadienne-française du Québec.

Cette migration des Québécois fait partie d'un exode qui a vu de nombreux Canadiens français quitter le Québec pour s'établir sur des terres dans les comtés adjacents au Québec: le Nouveau-Brunswick, l'Est de l'Ontario (la vallée de l'Outaouais) et le Nord-Est de l'Ontario. Cette migration interprovinciale se fait parallèlement à une migration interne qui a vu la colonisation de la Gaspésie, du Lac St-Jean, des Cantons de l'Est, du Nord de Montréal et de la région de l'Abitibi. Comme nous l'avons déjà mentionné, la migration ne se limite pas à la colonisation, mais les mouvements migratoires associés à l'urbanisation et à l'industrialisation ne sont pas très bien analysés.

De leur côté, les anglophones du Sud de l'Ontario qui s'établissent dans le Nord s'intéressent surtout aux industries minières et aux industries de pâtes et papiers. Les Canadiens anglais, avec l'aide de capitaux qui proviennent des grandes corporations canadiennes-anglaises, anglaises ou américaines, développent le secteur industriel dans les milieux urbains du Nord-Est de l'Ontario. Voici comment S.D. Clark résume la situation:

> Yet among the names of men prominent in the opening up of these and other lumbering, mining and pulp and paper manufacturing areas in the north, not many of them were French Canadians. The enterprise and capital were largely supplied by Toronto or, where greater capital resources and, perhaps, more daring enterprise were required, by New York... What is clearly revealed by the evidence is that it was from small beginnings that most of the industrial enterprises of the north began and that throughout the development of these enterprises the lead was taken by English-speaking persons. (Clark, 1966: 12)

Du début de la colonisation jusqu'en 1950, l'agriculture progresse parallèlement à l'industrie. À cause des conditions climatiques et de certaines déficiences des méthodes d'exploitation, les terres ne sont pas assez productives pour permettre de survivre sans l'assistance financière du gouvernement de l'Ontario, beaucoup plus limitée que celle offerte par le gouvernement du Québec. Les Canadiens français réussissent à maintenir le secteur agricole grâce à des subsides et à l'encouragement tenace de l'Église (Clark, 1971: 64).

Face à la difficulté de rendre l'agriculture rentable, et attirés par l'exploitation forestière et l'industrie des pâtes et papiers qui connaissent un essor économique remarquable et qui ont besoin de main-d'oeuvre à mi-temps pour la coupe du bois, les Canadiens français quittent lentement les terres et répartissent leur emploi du temps entre la ferme et les compagnies de bois. Le secteur agricole devient un complément important du secteur industriel. «There was provided, as a consequence, a continuous and increasing supply of workers for the growing industrial communities of the North» (Clark,

1971: 65-66).

Après cette situation de transition, et après plusieurs
années d'hésitation, le cultivateur canadien-français délaisse
l'agriculture puis abandonne sa ferme et son milieu rural. Le
changement de population du canton de Fauquier, situé à une
quinzaine de milles à l'est de Kapuskasing, illustre très bien ce
changement d'occupation. En 1941, Fauquier avait une
population totale de 887 habitants, presque entièrement de
langue maternelle française (dont 65% était classifiée rurale
agricole), et on comptait 133 fermes. En 1961, la population
se chiffrait à 1 140 dont 23% était classifiée rurale agricole.
De 1941 à 1961, le nombre de fermes est passé de 133 à 30
(Clark, 1966: 25). En 1971, cette tendance s'accentue, et
Fauquier, avec une population totale de 1 510, n'a que 5% de
sa population qui vit de l'agriculture (Ministry of Treasury,
1976: Table 1.5.2). Cette répartition occupationnelle de la
population de Fauquier s'apparente à la moyenne provinciale
car, en 1971, 4,5% de la population française de l'Ontario est
classifiée comme rurale agricole (F.F.H.Q., Vol. 1: 28).

Ce changement d'occupation est habituellement suivi
d'un déménagement: le Canadien français quitte le milieu
rural pour s'installer à la périphérie des villes. Comme ailleurs
en Ontario, mais un peu plus tard, les Canadiens français du
Nord passent de la vie rurale presque exclusivement française
à une vie urbaine et industrielle dominée par les anglophones.

L'environnement social et culturel change: la langue et
la culture anglaises dominent maintenant le monde du travail,
des affaires, des communications et des services. La rencontre
de ces deux cultures, l'une rurale et l'autre urbaine, et le
contact continuel de deux mondes, l'un anglais, l'autre
français, instituent une nouvelle mise en situation de la volonté de vivre en français en Ontario. Dans ce nouvel
entourage, les Franco-Ontariens peuvent facilement pratiquer
la religion catholique, même s'ils doivent le faire en anglais,
mais il est difficile de maintenir l'usage du français dans la vie

quotidienne. L'adage «la langue gardienne de la foi et la foi gardienne de la langue» perd son sens et ne représente plus la réalité. Le noyau culturel traditionnel des Franco-Ontariens s'effrite en même temps que la société canadienne-française éclate et que l'identité québécoise bourgeonne. Nous perdons notre appartenance sociétale traditionnelle et notre assise culturelle.

Dans le Nord, comme dans le reste de la province, la langue et la culture anglaises sont omniprésentes dans les milieux urbain et industriel, et le groupe majoritaire définit de plus en plus les modèles d'attitudes et de comportements qui assurent un meilleur statut socio-économique.

The working world of which they (French-Canadians) became a part was an English-speaking world. In it, the English language occupied a dominant position; the values, social aspirations, manners of behaviour and thought associated with the English-speaking social world predominated. In order to progress, the French-Canadian found himself becoming more of an English-Canadian. Support of trade union activities, at a point in time when such activities were still dominated by English-speaking persons, could represent a serious break with his culture for the French-Canadian worker. (Clark, 1971: 74)

Le passage définitif de l'agriculture à l'industrie, du village à la ville, est un phénomène qui date des trois dernières décennies. Le contact quotidien avec la majorité anglaise est une situation récente qui risque de modifier sensiblement la pratique ethnique des Canadiens français de l'Ontario. La volonté de vivre en français s'inscrit maintenant dans un rapport majoritaire/minoritaire de plus en plus inégal.

L'urbanisation de la population francophone du Québec ne provoque pas une mutation de l'espace linguistique et culturel, mais l'urbanisation de la population francophone de l'Ontario entraîne un changement linguistique et culturel notable. Les francophones deviennent définitivement minoritaires. Historiquement, ils ont toujours été minoritaires en Ontario, mais ils étaient majoritaires dans des villages, des régions et certaines villes. Pour plusieurs, c'était le prolongement de la situation qu'ils avaient vécue au Québec. L'urbanisation massive ne change pas la situation de la minorité pour l'ensemble de l'Ontario, mais une proportion de plus en plus grande de francophones se retrouvent minoritaires dans les villes ontariennes. La francisation du Québec se confirme en même temps que l'Ontario français connaît une anglicisation plus envahissante.

L'expérience du peuplement et de la colonisation, qu'ont provoquée les mouvements migratoires des Canadiens français qui quittaient le Québec pour s'installer en Ontario, et le vécu historique particulier de ces Canadiens français qui voulaient se tailler une place en sol ontarien, ont-ils contribué à faire de ceux-ci un groupe ethnique ou une société différente des autres groupes de l'Ontario? Les luttes pour l'organisation et la mise sur pied d'institutions, qu'il s'agisse d'écoles, d'églises ou d'un service d'animation socio-culturelle pour maintenir l'usage de la langue française en Ontario, ont-elles permis à la francophonie ontarienne de développer un degré de conscientisation suffisamment élevé pour faciliter la mobilisation des ressources humaines et physiques nécessaires à son maintien et sa survie? Nous pourrions nous demander si la situation historique des Canadiens français de l'Ontario, relative aux rapports minoritaires/majoritaires entretenus avec l'ensemble des autres groupes ontariens, laisse entrevoir le développement possible d'une division culturelle du travail entraînant la formation d'une classe sociale francophone, de telle sorte que le développement de la conscience de classe puisse provoquer une prise de conscience ethnique.

CHAPITRE IV

La situation économique

Sans reprendre tous les éléments des changements d'occupations à travers l'histoire des francophones de l'Ontario, nous sommes en mesure d'affirmer qu'ils ont ressenti les effets de l'industrialisation et de l'urbanisation, comme les autres Ontariens et les autres Canadiens, mais peut-être à un rythme plus accéléré et plus tard que les autres groupes. Si, en 1941, 44,4% de la population d'origine française de l'Ontario vivait en milieu rural, en 1971, 76,6% des francophones de l'Ontario se retrouvaient dans un milieu urbain, mais seulement 4,5% de la population francophone de l'Ontario tirait sa subsistance de l'agriculture en milieu rural, alors que 4,7% de l'ensemble de la population de l'Ontario se trouvait dans la même situation (Recensement du Canada 1941, Vol. 2: 298; F.F.H.Q., Vol. 1, 1977: 28). La population de l'Ontario est plus urbanisée que les francophones parce qu'un plus grand nombre de francophones habitent un milieu rural non agricole. Les données indiquent que les francophones ont vécu en quelques décennies un changement de milieu de vie et, par conséquent, qu'ils ont en même temps connu un changement occupationnel.

En 1971, 10,6% des francophones de l'Ontario occupaient des postes de direction, d'administration ou des postes professionnels et semi-professionnels, alors que 13,7% de la population de l'Ontario se retrouvait dans ces mêmes catégories d'emploi. Autre fait révélateur: 40,3% des francophones sont impliqués dans l'exploitation et le traitement des matières premières, alors que ce poucentage se situe à 34,7 pour l'ensemble de la population (tableau 4-1). En 1971, les francophones représentant 6,3% de l'ensemble de la population de l'Ontario n'en constituent pas moins de 22% de l'ensemble des mineurs de la province (Lamy, 1977). Cette sur-représentation se confirme en 1981: formant 5,4% de la main-d'oeuvre totale de l'Ontario, les francophones composent 22,5% de l'effectif total du secteur des mines et 21,6% du secteur de l'exploitation forestière. Outre les domaines du secteur primaire, 9,8% des postes de l'administration sont occupés par des francophones (tableau 4-3). Les francophones sont surtout sous-représentés dans les secteurs des finances (4,1%), de l'industrie manufacturière (4,2%) et de l'agriculture (4,5%). Les services regroupent le plus grand nombre de travailleurs francophones et non francophones, le secteur de l'industrie manufacturière est le deuxième en importance pour les deux groupes, alors que le commerce se situe en troisième place (tableau 4-2). Même si les francophones se retrouvent, toutes proportions gardées, plus nombreux dans certains types d'occupation, notamment ceux reliés au secteur primaire, il reste à savoir si les différences avec l'ensemble de la population sont assez grandes pour pouvoir facilement les catégoriser selon le type d'emploi et la structure occupationnelle. Lamy affirme que la segmentation occupationnelle et les structures de classes sociales deviennent de plus en plus évidentes à l'intérieur même de la communauté francophone, alors que les inégalités des revenus, de l'éducation et des occupations ont tendance à diminuer entre les francophones et les anglophones.

Bien que certaines différences et ces inégalités aient tendance à s'amenuiser depuis quelques décennies, la population francophone de l'Ontario s'avère moins scolarisée que la population générale. Aussi, les revenus moyens des francophones sont encore plus bas que ceux de l'ensemble de la population. En 1971, 3% de la population de langue maternelle française détient un grade universitaire alors que 5,1% de l'ensemble de la population de l'Ontario possède un tel grade (tableau 4-4).

Les différences sont plus grandes en ce qui concerne les études élémentaires. En effet, tandis que près de la moitié de la population de langue française de l'Ontario, soit 46,7%, n'avait que des études élémentaires, seulement le tiers (32,8%) de l'ensemble de la population n'avait que des études élémentaires en 1971.

À tous les niveaux de scolarité, les francophones se retrouvent dans une situation moins avantageuse que l'ensemble de la population. Cette situation se remarque plus particulièrement en regard des études secondaires et élémentaires: 71% des francophones de l'Ontario ont une scolarité de 10e année (ou moins), lorsque seulement 56% de l'ensemble de la population de l'Ontario se trouve dans cette même catégorie en 1971 (tableau 4-4).

En 1981, la sous-scolarisation des francophones de l'Ontario se confirme quand nous les comparons aux non-francophones. La proportion de francophones qui ne possèdent même pas une 9e année passe de 46,7% en 1971 à 31,2% en 1981. Baisse sensible mais trompeuse toutefois, puisque chez les non-francophones cette proportion s'établit pour la même période à 16,8%: l'écart entre les deux groupes reste à

peu près le même en 1971 et en 1981. Comme nous pouvons
le constater, en consultant le tableau 4-5, cette sous-scolarisation atteint presque un francophone sur deux dans le Nord de
l'Ontario, et un francophone sur quatre dans l'Est et le Centre.

Malgré ces conditions défavorables, nous ne pouvons
pas affirmer que l'inégalité sociale et la sous-scolarisation
vont se transformer automatiquement en phénomène de classe
sociale, et qu'il y aura correspondance entre la classe sociale
et l'appartenance ethnique. La hiérarchisation des groupes
ethniques n'efface pas l'inégalité à l'intérieur du groupe
francophone, inégalité qui brouille le clivage entre les
Franco-Ontariens et les autres groupes. De plus, la sous-
scolarisation a des conséquences économiques et sociales
plus préjudiciables pour les femmes que pour les hommes
francophones. Les hommes, malgré une sous-scolarisation,
réussissent souvent à se trouver un emploi manuel qui procure
un revenu se comparant à celui de la population plus scolarisée
(Guindon *et al.*, 1985: 32). L'effet composé de ces facteurs
n'est pas linéaire et cumulatif: le clivage est à la fois social,
ethnique et sexuel.

Au niveau des revenus, nous retrouvons à peu près les
mêmes phénomènes. En 1961, le revenu moyen des Ontariens
francophones était de 12% inférieur au revenu moyen de
l'ensemble de l'Ontario, et en 1971, cette différence n'était
plus que de 4% selon une étude de la Fédération des francophones hors Québec (F.F.H.Q., Vol. 1 : 21). Une autre étude
réalisée par Allaire et Toulouse établit que le revenu moyen
du ménage franco-ontarien est de 7% inférieur à celui de la
moyenne provinciale, mais les différences et les inégalités
entre francophones et anglophones sont beaucoup plus
évidentes dans les catégories inférieures des revenus.

Les données de la F.F.H.Q. (Vol. 1: 35) indiquent que
25,4% de la population francophone se déclare sans revenu,
mais seulement 20,5% de l'ensemble de la population s'es-
time dans la même situation. Dans les catégories de 9 000$ à

20 000$, nous retrouvons 10,5% de la population francophone, alors que 12,4% de la population ontarienne se situe dans cette catégorie. Dans les catégories de 20 000$ et plus, se trouve 1,9% de la population francophone et le pourcentage baisse à 1,5 pour l'ensemble de la population.

Le taux de participation des hommes francophones, en 1981, est plus bas que celui des non-francophones: 75,1%, comparativement à 79,9%. Nous retrouvons le même phénomène chez les femmes francophones: un taux de 47,6% comparativement à 55,5% pour les femmes non francophones de l'Ontario. De plus, en 1981, le taux de chômage chez les francophones des deux sexes est plus élevé que chez les non-francophones: 6,5% chez les hommes francophones et 4,5% chez les hommes non francophones; 9,4% chez les femmes francophones comparativement à 6,8% chez les non francophones (Guindon *et al.*, 1985: 14). Dans les deux cas, l'écart est considérable. Lorsque nous examinons les données relatives aux revenus d'emploi des populations actives francophone et non francophone, nous remarquons que les hommes sont proportionnellement moins nombreux dans les catégories de moins de 10 000$ et 30 000$ et plus, et, par conséquent, plus nombreux dans la catégorie intermédiaire (tableau 4-6). Les femmes francophones, elles, sont proportionnellement moins nombreuses dans la catégorie salariale supérieure. Ces données ne permettent pas d'établir clairement des inégalités marquantes en regard des revenus d'emploi des francophones et des non-francophones. Il est difficile d'imaginer que ces écarts puissent provoquer un clivage ethnique et surtout une conscience de ce clivage. Les inégalités sont plus manifestes sur d'autres plans.

Allaire et Toulouse précisent que 25,3% des Franco-Ontariens vivent pauvrement; cette forte proportion de «pauvres» est probablement supérieure de 40% à la moyenne pour l'ensemble de la population. Mais les inégalités des revenus des ménages sont aussi importantes à l'intérieur du groupe francophone: les individus (francophones de l'Ontario), qui ont un revenu dans le quintile supérieur de l'échantillon, gagnent en moyenne près de six fois plus que les chefs de ménage dont le revenu est dans le quintile inférieur. Allaire et Toulouse en concluent que les disparités entre les Franco-Ontariens et l'ensemble de la population sont faibles en comparaison des grandes disparités de revenus à l'intérieur de la collectivité franco-ontarienne (Allaire et Toulouse, 1973: 176-181).

Nous pourrions nous demander si les Franco-Ontariens sont satisfaits de leur situation économique, pour voir si les inégalités provoquent des insatisfactions susceptibles d'engendrer une plus grande conscience de classe sociale et ethnique. De façon générale, les chefs de ménage franco-ontariens sont satisfaits de leur situation économique (les professionnels, les administrateurs et les hommes d'affaires); ils occupent le haut de la pyramide sociale, ont fréquenté l'université, sont âgés de moins de 35 ans et gagnaient au moins 12 000$ par année en 1972. Au contraire, les insatisfaits (les retraités, les ménagères, les cultivateurs et les étudiants) occupent le bas de la pyramide sociale, gagnaient moins de 6 000$ par année et sont plus âgés que les satisfaits (p. 179).

À partir de tous ces faits relatifs à la situation économique des Franco-Ontariens, il est difficile de déceler les tendances ou les orientations qui nous autorisent à affirmer qu'ils forment une classe sociale homogène, et qu'ils puissent un jour développer une conscience de classe qui se transformera en conscience ethnique après avoir réalisé qu'ils sont l'objet d'une division culturelle du travail. En effet, la prise de conscience ethnique, par l'entremise d'une prise de conscience de classe, ne se concrétisera probablement pas: les inégalités sociales et économiques sont plus évidentes à l'intérieur même de la collectivité francophone que lorsque nous les comparons aux autres groupes de la société ontarienne. Nous pourrions pourtant retrouver une perception des inégalités qui soit différente des phénomènes que nous avons décrits, et par conséquent, noter chez les francophones une perception d'une division culturelle du travail. Nous n'avons malheureusement pas les données nécessaires pour vérifier ces phénomènes de perception des inégalités. Il est fort possible que les inégalités économiques, par rapport aux autres groupes ontariens, soient perçues comme plus évidentes que les inégalités internes. Ces perceptions, qui orientent les comportements sociaux des francophones, pourraient devenir tributaires d'une prise de conscience de classe ethnique. Dans ce cas, la perception d'une division culturelle et linguistique du travail conduirait peut-être à la naissance et au développement d'une conscience de groupe ethnique.

Mais il semble que ce ne soit pas le cas. Nous devons réaliser que ces différences occupationnelles et économiques, dans le cadre d'une intégration culturelle et structurelle plus poussée, risquent d'une part de s'amenuiser, et d'autre part, si elles persistent, de devenir la base d'inégalités qui aboutiront à des revendications de classes sociales qui ne recouperont pas nécessairement les différentes appartenances ethniques. Les inégalités sociales à l'intérieur de la communauté franco-ontarienne sont aussi flagrantes que les inégalités ethniques.

CHAPITRE V

La langue française en Ontario

La communauté linguistique

Pour comprendre la situation actuelle des Franco-Ontariens, il était primordial de les situer dans le temps et l'espace, pour saisir ce qu'ils sont et ce qu'ils deviennent. À la lumière du passé que nous avons retracé et du présent que nous venons d'esquisser, et en respectant la perspective sociologique que nous avons élaborée au début (notamment le mode de connaissance sociale du monde qui nécessite la réunion des éléments objectifs et subjectifs d'une réalité historique), nous analyserons les différentes composantes de l'identité franco-ontarienne qui annoncent le passage d'une société à un groupe linguistique.

L'élément de différenciation ethnique ou le trait culturel qui retient le plus l'attention des analystes et des observateurs est le fait que les membres du groupe franco-ontarien parlent français et qu'ils sont d'origine ethnique française. Mais immédiatement nous serions en droit de reposer, à partir du questionnement weberien, toute une série de questions relatives à ces deux caractéristiques objectives: quel sens les Franco-Ontariens accordent-ils au fait de parler français et au fait d'être d'origine française? Quel français parlent-ils? Où le parlent-ils? Qu'advient-il des individus qui adoptent un comportement linguistique diglossique? Le transfert linguistique entraîne-t-il la perte de l'identité et de la culture franco-ontarienne? Quels sont les liens existants entre la langue, l'identité et la culture? Nous pourrions sûrement, et sans trop d'efforts, allonger cette liste de questions. Pourtant nous n'avons présenté que les deux éléments de l'identité franco-ontarienne qui sont repris continuellement, en tant qu'indicateurs fiables et valables de l'ethnie franco-ontarienne, même si parfois les analystes ou les acteurs sociaux doivent apporter quelques explications.

Que représente la réalité associée au fait que les Franco-Ontariens sont d'origine ethnique française? Dans une société comme le Canada, officiellement bilingue et multiculturelle, où l'exogamie est un phénomène social courant, que représente l'identité ethnique basée sur une donnée biologique qui est habituellement l'expression de l'hérédité et de la filiation associée à l'origine du père (et en remontant jusqu'à l'origine du premier père de cette famille lorsqu'il est arrivé au Canada pour la première fois)? Comment établir avec exactitude son origine ethnique alors que l'ethnicité n'a rien à voir avec l'hérédité génétique? Nous ne sommes pas programmés pour être Franco-Ontariens. Pourquoi l'origine est-elle associée au père seulement? La mère n'y joue-t-elle pas un rôle? Curieux phénomène, du moins très limitatif, ne reflétant certainement pas la complexité de l'origine ethnique. Mais la filiation paternelle ne renferme pas en soi un sentiment subjectif d'appartenance à l'ethnie franco-ontarienne.

Selon la Commission royale d'enquête sur le bilinguisme et le biculturalisme, le groupe ethnique définit

l'identité d'une communauté d'abord au sens biologique.
L'analyse passe rapidement du biologique aux facteurs culturels. En effet, par le processus de socialisation, les parents
transmettent à leurs descendants une langue et une culture
particulière: l'héritage ethnique est d'abord et avant tout
culturel. La famille immédiate, les membres de la famille
souche - selon l'époque et le type de société - et les membres
de la communauté jouent donc un rôle prépondérant dans la
transmission d'une langue, d'une culture et d'une religion,
phénomènes sociaux qui peuvent constituer les éléments de
base de l'identité ethnique.

Cet élément de définition des Franco-Ontariens, l'origine ethnique française, correspond au concept d'ethnicité ou
d'appartenance ethnique tel que Frank Vallee le présente.

> In our usage, ethnicity refers to descent from ancestors who shared
> a common culture or subculture manifested in distinctive ways of speaking
> and/or acting. This common culture may have been carried by many
> different kinds of grouping, such as religious, political, geographical, but
> in all cases the kinship networks are crucial bearers of culture. (Vallee,
> 1975: 165-166)

Pour Vallee, l'ethnicité repose sur le partage d'une culture reproduite par des liens de parenté à travers les
générations. Dans le cas des Franco-Ontariens, l'origine
française transmise par les ancêtres et la vie commune
engendrée par un réseau complexe d'interactions familiales et
communautaires qui se développe à partir de l'occupation
d'un même espace territorial et social, conduisent au partage
d'une même culture qui favorise la communalisation du
groupe. Et alors la définition du groupe ethnique devient plus
complète mais aussi beaucoup plus complexe et difficile à
observer et à saisir. Les éléments objectifs introduits pour
préciser l'identité ne sont plus aussi faciles à cerner puisque
nous devons tenir compte du sens que les acteurs leur accor-

dent parce que la pratique et les actions s'orientent en fonction du sens qui s'établit et se modifie dans un système d'interactions. La pensée et l'action se développent dans une relation réciproque. En outre, le sens, comme la culture tout entière, se construit et se négocie dans un contexte minoritaire avec les membres de la majorité.

La Commission royale poursuit de son côté en ajoutant que «la conviction d'appartenir à un groupe et la volonté qu'a ce groupe d'exister comme tel» sont des éléments majeurs de la définition de l'ethnie. Nous pourrions reprendre le même questionnement que lors de la présentation des concepts weberiens de la croyance à la communauté ethnique, mais qui interrogerons-nous pour mesurer la «conviction d'appartenance» et la «volonté d'existence»?

De son côté, Vallee distingue deux concepts pour décrire ces différents phénomènes de l'identité ethnique: l'ethnicité qui se réfère à l'origine et à la culture communes, et le groupe ethnique qui en plus d'exprimer l'appartenance doit inclure les notions de conscience, de différenciation et d'interactions significatives primaires et secondaires au sein du groupe constitué par des personnes «who share ethnicity (as previously defined), who share some sense of peoplehood or consciousness of kind, who interact with one another in meaningful ways beyond the elementary family, and who are regarded by others as being in the one ethnic category» (Vallee, 1975: 167).

Cette définition reprend en quelque sorte les éléments essentiels de la théorie weberienne et accorde une place prépondérante à la perception de la différence ethnique par les non-membres. Cette notion de reconnaissance et de perception d'un groupe ethnique est bien présentée par E.C. et H.M. Hugues dans *Where People Meet*. Ils affirment qu'un groupe existe «parce que ceux qui sont à l'intérieur [du groupe ethnique] comme ceux qui sont à l'extérieur savent que c'est un groupe, parce qu'à l'intérieur comme à l'extérieur on parle,

on sent et l'on agit en fonction de ce groupe distinct»
(Commission, Livre 1, 1967: XIII). Donc, pour reprendre le
concept d'ethnicité et de groupe ethnique, le partage d'expériences communes peut susciter le sentiment
d'appartenance qui donne naissance à l'orientation mutuelle
des comportements des membres et des non-membres, orientation fondée sur une perception des différences ethniques.

Les Franco-Ontariens forment-ils un groupe ethnique
possédant une culture différente de celle des autres ethnies
ontariennes? La culture des Franco-Ontariens diffère-t-elle
de celle des Québécois? Le problème ne relève pas seulement
des perceptions de ces différences, perceptions qui orientent
l'action et obligent les groupes à se situer les uns par rapport
aux autres. Possèdent-ils une conscience ethnique franco-
ontarienne et une volonté de vivre en tant que Franco-Ontariens? Mais, de fait, nous pourrions aussi demander ce que
signifie vivre en Franco-Ontarien. Possèdent-ils un réseau
assez complet d'institutions franco-ontariennes leur
permettant d'entretenir des relations primaires et secondaires
à l'intérieur du groupe (la complétude institutionnelle telle
que la définit R. Breton)? Par cette dernière question, nous
passons du culturel au structurel. Comme nous pouvons le
constater, les précisions et les nouveaux éléments introduits
n'ont pas modifié le type de problématique qui a suivi la
présentation de la théorie de la communalisation. Si
l'ethnicité franco-ontarienne est difficile à observer et à
identifier de façon précise, et que les explications nous
ramènent presque automatiquement aux éléments subjectifs
de l'appartenance ethnique, nous pourrions revenir au trait
culturel de différenciation le plus évident, soit la langue
française. Nous en arriverions à comprendre que l'identité
franco-ontarienne résulte probablement d'une articulation
particulière de différents éléments (origine canadienne-
française, traditions, religion catholique, milieu rural, langue
française) spécifiques aux Franco-Ontariens. Ces éléments

constitutifs doivent être analysés comme un tout social et culturel, historiquement construit et institutionnellement reproduit. Mais, pour comprendre l'ethnicité, et pour mieux saisir la naissance et l'évolution de l'ethnie franco-ontarienne, il est essentiel d'analyser le rôle de la langue française, perçue et présentée, à travers l'histoire des Franco-Ontariens, comme un des plus importants référentiels ethniques. Cependant, il faut le répéter, le fait de parler français n'implique pas automatiquement un sentiment d'appartenance au groupe franco-ontarien. Il se peut fort bien qu'un individu parle français parce qu'il s'agit de la seule langue qu'il connaisse. De nombreuses personnes utilisent le français et n'appartiennent pas au groupe franco-ontarien. L'usage du français n'entraîne pas nécessairement l'appartenance ethnique.

Weber montre la communauté linguistique, et à côté d'elle la communalisation religieuse - et nous reprendrons l'idée que la langue française et la religion catholique étaient deux phénomènes sociaux étroitement liés à la communauté et à l'identité franco-ontarienne -, comme étant «partout des facteurs extraordinairement actifs du sentiment de parenté ethnique; et ceci spécialement parce que l'intelligibilité significative de la manière d'être d'autrui est l'hypothèse la plus élémentaire de la communalisation» (Weber, 1971: 418). La communauté de langue, habituellement le produit d'une tradition transmise de génération en génération par la famille, ainsi que par le réseau des relations sociales, «facilite au plus haut point la compréhension réciproque, et par conséquent l'établissement de toutes les relations» (Weber, 1971: 43). Même si le partage d'une même langue facilite et favorise la naissance de la communalisation, la compréhension mutuelle ne donne pas nécessairement naissance à l'orientation réciproque et significative des relations sociales (Weber, 1971: 43).

Bien que la langue française que partagent les Franco-

Ontariens soit «l'hypothèse la plus élémentaire de communalisation», elle ne conduit pas forcément et obligatoirement à la communalisation, donc à l'essence des relations sociales qui favorisent la formation d'un groupe ethnique. Ce n'est pas seulement parce que les Franco-Ontariens utilisent le français qu'ils forment une communauté, qu'ils ont conscience d'y appartenir et qu'ils accordent un sens particulier à cette appartenance ethnique basée sur le partage et l'utilisation de la langue française. Comment identifier, dès lors, certaines tendances ou attitudes nous permettant de considérer que le fait de parler français, de continuer à le parler, et de perpétuer ce comportement en l'apprenant aux nouvelles générations, amènera les Franco-Ontariens à considérer l'usage du français comme un phénomène social vital, voire une valeur culturelle qui revêt une signification commune très différente du fait de parler anglais? Et, comme le souligne avec beaucoup d'à-propos Jean-Charles Falardeau en ce qui a trait aux Québécois, les Franco-Ontariens prendront-ils la langue française au sérieux, lui accorderont-ils un sens collectif particulier qui cristallisera l'identité franco-ontarienne?

La langue française pourrait devenir le référentiel de l'identité, le catalyseur de l'action collective franco-ontarienne dans le sens weberien le plus pur de l'action sociale.

> Prendre la langue française au sérieux, ce sera en faire une valeur en soi. Or, faire de la langue une valeur en soi signifie que nous devons la considérer dorénavant en elle-même comme la pierre d'angle de notre culture. Reconnaître collectivement une valeur, c'est faire de celle-ci le centre d'une norme qui inspire, oriente et conditionne de façon habituelle les conduites effectives. (Falardeau, 1976: 18)

Quels sont le statut et le rôle de la langue française pour les Franco-Ontariens? La prennent-ils au sérieux? La langue française inspire-t-elle, oriente-t-elle, conditionne-t-elle leurs conduites effectives?

Reprenons les grandes lignes de notre modèle d'analyse. Le sens que nous reconnaissons à la langue française et à l'origine canadienne-française émane des conditions historiquement et socialement situées. Les visions du monde sont inscrites dans les conditions matérielles de l'existence sociale. Donc, les idées, les représentations et les valeurs que nous rattachons à la langue française sont indissociables des rapports sociaux qui les ont produites et reproduites à travers l'histoire. La langue ne se développe pas en situation d'apesanteur sociale et culturelle; elle est ce que les gens en font dans un contexte précis. En effet, les pensées viennent d'une époque, de conditionnements matériels, d'habitus, de classes sociales, de hiérarchisations ethniques, de conjonctures historiques et de rapports sociaux et économiques (rapports entre les hommes pour produire et échanger les biens et les services nécessaires pour maintenir la vie humaine et sociale). Ces pensées, immanentes des rapports sociaux déterminés et de la position sociale, constituent la base où la pratique acquiert son sens, même si les actions sont inintentionnelles et les justifications inconscientes. Les structures sociales agissent sur les structures symboliques indépendamment de la conscience et de la volonté des individus. Mais, en même temps, les idées mènent le monde, façonnent les réalités, organisent les institutions et structurent les relations, bien que la société ne se réduise pas aux idées que les membres peuvent s'en faire. Par conséquent, «pour changer le monde, il faut changer les manières de faire le monde, c'est-à-dire la vision du monde et les opérations pratiques par lesquelles les groupes sont produits et reproduits» (Bourdieu, 1987: 163).

La minorité française

En 1981, 7,6% de la population de l'Ontario, c'est-à-dire 652 900 personnes, était d'origine ethnique française, soit

plus de la moitié de la population canadienne d'origine ethnique française vivant à l'extérieur du Québec. Ces pourcentages diminuent sensiblement lorsque nous parlons des populations de langue maternelle française et de langue d'usage
française: elles sont de 5,5% et de 3,5%, soit 475 605 et 307
290 personnes respectivement (Recensement du Canada -
1981).

Résumons les principaux points de la situation linguistique et de l'importance relative de la population ontarienne
d'origine et de langue maternelle françaises par rapport à la
population totale de l'Ontario depuis 1851 (tableau 5-5).

° Pendant un siècle, soit de 1851 à 1951, la proportion de la
population d'origine française augmente lentement mais de
façon continue, pour passer de 2,7% en 1851 à 10,4% en
1951, soit de 26 417 personnes à 477 677. De 1961 à 1981,
cette proportion baisse de 10,4% à 7,6%.

° La population d'origine française augmente régulièrement
de 1851 à 1971: elle passe de 26 417 en 1851 à 737 360 en
1971, soit 28 fois plus après 120 ans. Mais, de 1971 à 1981,
notons une perte de 84 460.

° La population de langue maternelle française augmente de
1931 à 1971, passant de 236 386 à 482 045 personnes, mais
elle diminue en 1981, pour s'établir alors à 475 605.

° La proportion de la population de langue maternelle
française par rapport à la population totale de l'Ontario
diminue constamment depuis 1941: elle passe alors de 7,6%
à 5,5% en 1981, une baisse de 2,1% en 40 ans.

° La proportion de la population de langue maternelle
française par rapport à la population d'origine française baisse
sans cesse de 1931 à 1971; elle passe de 79% en 1931 à 65%

en 1971. En 1981, cette proportion augmente à 72,8%. Mais si 73,1% des personnes de langue maternelle française affirment parler le français à la maison en 1971, cette proportion est de 64,6% en 1981. Donc, 35% de la population de langue maternelle française parle surtout l'anglais à la maison en 1981. Les transferts linguistiques deviennent de plus en plus fréquents.

Les données relatives à la répartition géographique de la population ontarienne de langue française en 1981 nous montrent des situations démolinguistiques fort différentes pour les Franco-Ontariens d'une région à une autre (tableau 5-1). En effet, si près du tiers de la population francophone de l'Ontario habite le Centre et le Sud-Ouest de l'Ontario, elle ne constitue que 2% de l'ensemble de la population de cette région. Donc une partie importante des effectifs de la population francophone de l'Ontario se retrouve dans une situation de minorisation extrême. Cela amène Thomas R. Maxwell à les présenter, à partir de la théorie de l'invisibilité ethnique de Cohen, comme une minorité invisible qui vit une situation d'hétérogénéité ethnique entraînant des changements d'identité ethnique et une modification des frontières ethniques (Maxwell, 1979: 121).

En parlant spécifiquement des francophones de la ville de Toronto, nous constatons que seulement 22% des 91 975 personnes visées utilisent le français à la maison (Maxwell, 1979: 115). Maxwell arrive aux conclusions suivantes:

° La fréquentation des églises et des écoles de langue anglaise par la population de langue maternelle française brise le lien traditionnel entre l'identité ethnique française et la paroisse catholique et l'école française, institutions habituellement considérées comme des agents de socialisation ethniques des plus essentiels.

° Les transferts linguistiques, l'exogamie, les relations primaires et secondaires avec les anglophones, la prédominance de l'anglais dans les média de masse et dans le monde du travail modifient l'identification des francophones qui délaissent l'identité ethnique française traditionnelle pour accepter une identité française torontoise. Ils sont des francophones de Toronto, des Franco-Torontois.

° L'identité de classe sociale, surtout la classe moyenne, remplace l'identité ethnique: la grande diversité de la stratification socio-économique à l'intérieur de la population française et l'identification de ces différentes strates sociales francophones à des strates sociales équivalentes anglophones créent une unité de classes sociales à l'intérieur d'une diversité ou d'un pluralisme ethnique.

Mais nous pourrions probablement affirmer que les Canadiens français de Toronto, en grande partie les 22% qui parlent régulièrement le français à la maison, fréquentent l'école et l'église françaises, adhèrent aux mouvements et aux associations ethniques pour assurer la survie de la francophonie, syntonisent la radio française et regardent la télévision française. Ils font partie des francophones qui veulent s'affirmer, s'afficher en tant que francophones, et, par le fait même, ils rendent la francophonie de plus en plus visible à Toronto.

Comme nous pouvons le constater, ces rapports de minoritaires/majoritaires, cette dispersion spatiale, ces expériences ethniques différentes et divergentes rendent très difficile la mobilisation pour actualiser des idéologies de survivance et d'épanouissement ethniques. Comment survivre et affirmer sa francophonie dans ces conditions? Le vécu ethnique pluraliste et les expériences historiques diverses conduisent-ils à la formation de l'ethnie franco-ontarienne ou contribuent-ils à l'effritement et au morcelle-ment d'une ethnie à la recherche de son identité? Saisir la situation présente et le devenir des Franco-Ontariens dans ces conditions de minorisation n'est pas chose facile. Il est fort probable que les francophones de la dispersion auront une pratique ethnique différente de celle des francophones des autres régions de l'Ontario, et que la volonté de vivre en français devra alors s'inscrire dans un contexte social d'osmose ethnique qui rejoindra peut-être les frontières de l'utopie de la survivance traditionnelle.

En revanche, dans les régions à plus faible densité démographique, mais limitrophes au Québec, comme le Nord-Est et l'Est de l'Ontario, nous pouvons noter que les francophones représentent une proportion plus grande de la population, et qu'ils composent les deux tiers de la franco-phonie ontarienne. Dans certains comtés comme Prescott et Russell, les francophones représentent respectivement 76,6% et 74,8% de la population totale. Dans quelques comtés du Nord-Est, ils forment près de la moitié de la population. En 1981, 26% de la population du Nord-Est est de langue maternelle française alors que pour l'Est cette proportion est de 15,5%.

Les possibilités d'organisation, de mobilisation et d'interaction sociales internes, dans ces situations de concen-tration ethnique relative, laissent entrevoir effectivement des taux d'exogamie et de transferts linguistiques plus bas que pour l'ensemble de la population francophone de l'Ontario. Ces rapports favorisent l'émergence d'institutions qui répondront aux besoins des membres de l'ethnie. Il est plus facile de s'organiser, et ces institutions peuvent plus facile-ment participer au développement de la conscience ethnique, à la création et à la construction de l'identité ethnique franco-ontarienne.

Il est difficile d'établir une priorité diachronique entre l'organisation et l'identité: agissent-ils de telle façon parce qu'ils sont Franco-Ontariens ou deviennent-ils Franco-Ontariens parce qu'ils agissent de telle ou telle façon? Il s'agirait en fait de tenter d'établir une priorité entre culture et action sociale. Cette question sociologique, à la fois théorique et empirique, dépasse les cadres de notre travail. Les deux phénomènes évoluent dans un environnement interactionnel que nous ne pouvons pas facilement démêler. Dans l'explication des phénomènes sociaux, ils ne peuvent pas être séparés sans que notre compréhension risque d'être partielle et erronée.

Les francophones de ces régions se trouvent dans des situations qui rendent plus naturel le maintien de la langue française comme langue d'usage de la vie quotidienne. Dans ces conditions, vivre en français ne dépend pas essentiellement d'une volonté individuelle, qui doit lutter avec entêtement pour s'affirmer, mais repose sur des structures normatives et institutionnelles qui favorisent l'usage du français dans la vie quotidienne et qui influencent le sens et les valeurs qui seront accordés à la langue française.

Les francophones du Nord-Ouest, pour leur part, constituent une minorité dans tous les sens du mot: ils ne forment que 4,2% de la population de la région, et de plus ne représentent que 2,1% de l'ensemble de la francophonie ontarienne. Ils connaissent à peu près la même situation que les francophones du Sud, mais leur isolement du reste de la francophonie est encore plus frappant: ils se retrouvent, à cause des distances, isolés des autres francophones de l'Ontario et loin de ceux du Québec.

En consultant les tableaux présentés en annexe, pour les années 1941 à 1971, nous constatons que les différentes situations régionales sont assez stables depuis 1941, et que de façon générale les francophones représentent, à chaque décennie, des proportions de plus en plus faibles de la population générale dans toutes les régions. Ils deviennent de plus en plus minoritaires. La répartition démographique démontre que nous sommes en présence de deux situations fort différentes: dans le Nord-Est et l'Est de l'Ontario, les francophones vivent des rapports minoritaires/majoritaires semblables qui diffèrent de ceux vécus par les francophones des autres régions de l'Ontario qui connaissent des situations extrêmes de minorisation.

Ce tableau démolinguistique permet d'établir avec assez d'exactitude la situation actuelle des francophones de l'Ontario, et nous pouvons affirmer que la dispersion et la minorisation entraînent des conditionnements linguistiques qui varient sensiblement d'une région à l'autre. Contrairement au dicton populaire, les statistiques ne parlent pas d'elles-mêmes. Pour mieux comprendre ces phénomènes, nous présenterons d'abord certaines théories sociologiques qui traitent de la relation langue/culture/ethnicité; nous reprendrons ensuite l'étude de la relation entre la langue française et la religion catholique en Ontario, et nous terminerons cette partie du travail par une analyse de la situation actuelle des francophones.

Langue, religion et culture

Les chercheurs qui élaborent des théories et des hypothèses pour démontrer le lien entre la langue et la culture ou la langue et la communauté ethnique, ne sont pas toujours d'accord. Néanmoins, la plupart des rapports de ces études accordent un rôle primordial à la langue ethnique pour le maintien de la vie culturelle et la survie du groupe ethnique. Il ne s'agit pas de présenter une recension des travaux de la sociologie du langage, mais surtout de saisir le lien entre la langue française et l'appartenance au groupe franco-ontarien.

La Commission royale d'enquête sur le bilinguisme et le biculturalisme, qui avait pour mandat d'étudier la situation du français et de l'anglais au Canada, définissait la langue comme une «forme essentielle de la culture» et le «véhicule naturel d'une foule d'autres éléments de la culture». Pour la Commission, la langue et la culture sont très étroitement liées et ne peuvent être dissociées. La langue est la forme essentielle d'expression, le véhicule naturel des éléments de la culture. Elle permet la communication à l'intérieur du groupe et l'assimilation des éléments qui viennent de l'extérieur (Commission, Livre I, 1967: XXV).

La Commission poursuit en affirmant que la langue, pour s'enrichir et continuer à «exprimer les réalités fondamentales de notre temps», doit être utilisée quotidiennement dans plusieurs activités. Quand le lien est rompu entre la langue et la réalité sociale et qu'un groupe ethnique ne peut pas exprimer les choses essentielles et complexes de son existence et de sa culture sans recourir à une autre langue, «la langue elle-même s'appauvrit dangereusement» et s'abâtardit en perdant sa qualité première: dynamisme et évolution dans le temps pour favoriser le maintien et le développement d'une culture ethnique bien vivante. Mais voilà une exigence, un défi des plus difficiles à relever pour les Franco-Ontariens qui vivent en contact étroit et continuel avec la majorité de langue anglaise de l'Ontario. Qu'advient-il si la langue s'appauvrit, s'abâtardit? «Dans ce cas, c'est la culture elle-même qui est gravement atteinte, car personne ne soutiendra qu'un groupe a encore, au sens fort du terme, une culture propre qui soit vivante lorsqu'il est amené à recourir à une autre langue pour s'exprimer à lui-même les réalités dont est faite la majeure partie de sa vie quotidienne» (Commission, Livre I, 1967: XXV).

Plusieurs décennies avant le travail de la Commission, Edward Sapir, dans un court article paru dans *Encyclopedia of the Social Sciences,* élabore une théorie qui relie le maintien de la langue ethnique à la survie de la communauté. Selon Sapir, l'utilisation d'une langue commune constitue pour un groupe un élément de cohésion sociale très important et représente ainsi un moyen d'expression fondamental de

l'identité collective du groupe. La langue est un catalyseur de
la solidarité ethnique et l'élément déterminant de la survie de
la communauté ethnique. Sapir ajoute que le simple fait de
partager une langue établit des différences et représente un
symbole de solidarité sociale pour ceux qui la parlent (Sapir
in Reitz, 1974: 105). Jeffrey G. Reitz, dans son article
«Language and Ethnic Community Survival», reprend la
théorie de Sapir pour en démontrer la valeur et la pertinence
dans l'étude des ethnies au Canada. Il considère la participation à la vie quotidienne de l'ethnie comme un phénomène
dépendant de la connaissance et du maintien de la langue. En
contrôlant les données pour les différentes générations, il peut
mesurer l'effet d'une variation du niveau de connaissance et
d'utilisation de la langue ethnique en regard de la participation à la communauté:

> The findings suggest that the failure of second and third generation
> children to learn the ethnic language is an important link in the sequence
> leading to the deterioration of ethnic solidarity from one generation to the
> next, and that if conditions existed which prevented «language shift», the
> ethnic community would more likely survive in succeeding generations.
> (Reitz, 1974: 116)

Les transferts linguistiques entraînent une détérioration de la
solidarité et mettent en danger la survie de la communauté en
diminuant la participation active à la vie du groupe ethnique.
Selon Reitz, la connaissance et le maintien de la langue
maternelle sont la pierre angulaire de la survie des
communautés ethniques. Reitz termine son article en affirmant que le maintien de la langue est l'élément primordial
pour l'étude de la survie, du changement et de l'assimilation
des groupes ethniques, et que les théories élaborées pour
expliquer ces phénomènes doivent prendre en considération
la situation linguistique de ces groupes.

Dans son livre *Language and Ethnic Relations in*

Canada, Stanley Lieberson concluait que l'abandon de la langue maternelle était une étape cruciale dans le processus d'assimilation d'un groupe ethnique minoritaire. Lieberson affirme que «la conservation de la langue maternelle n'est pas simplement un facteur qui influe sur l'assimilation, mais elle constitue en fait une force extrêmement importante si on la compare à d'autres facteurs qui, estime-t-on habituellement, jouent un rôle dans la différenciation des groupes ethniques en contact» (Lieberson, 1970: 30).

Les autres facteurs qui jouent un rôle prépondérant dans la différenciation ethnique sont surtout reliés à l'organisation sociale des groupes. Une organisation sociale complète permet aux individus des différents groupes de développer un réseau élaboré d'interactions sociales à l'intérieur des structures et des institutions ethniques. Driedger et Peters présentent succinctement plusieurs études qui analysent le phénomène de l'identité et le rôle des facteurs qui favorisent la survie des minorités ethniques.

It is often assumed that ethnic identity can best be maintained when the ingroup develops a social system of its own with control over its institutions, so that the interaction patterns of the group will take place largely within the system. Such patterns will lead to the creation and maintenance of boundaries and control over systematic linkage. Breton (1964) suggests that religious, educational, and welfare institutions are crucial, while Joy (1972) adds the importance of political and economic institutions. Vallee (1969) and Driedger and Church (1974) confirmed these claims by Breton and Joy by summarizing the need for organization of group structures and institutions which influence socialization and ethnic community decision-making. These studies assumed that residence within ethnic communities will result in much time spend within the ethnic institutions and cultural enclave, with less time for association with others. (Driedger et Peters, 1977: 160)

Le présent travail d'analyse s'inscrit dans une démarche

qui consiste à étudier la naissance et l'évolution de l'ethnie franco-ontarienne. En ce sens, nous tenterons de voir si la conservation de la langue française est, pour les Franco-Ontariens, l'élément clé de la conservation de la culture française et de l'identification collective, et si elle joue un rôle dynamique dans la survie et l'épanouissement de l'ethnie franco-ontarienne. D'autre part, il ne faut pas oublier que, dans *Language Loyalty in the United States,* livre qui porte sur le maintien de la langue ethnique aux États-Unis, Joshua Fishman démontra que, malgré la disparition de la langue maternelle, plusieurs groupes ethniques survivaient en maintenant certaines caractéristiques particulières qui permettent une différenciation et la survie d'éléments culturels autres que la langue. À travers l'histoire des Canadiens français de l'Ontario, nous pouvons constater que la langue française a toujours été au centre des débats et des luttes pour la survie de la collectivité, mais il faut à l'instant même nuancer cet énoncé.

En effet, de génération en génération, le maintien de la langue française, considéré comme l'élément crucial de la survie de l'ethnie française, a été au centre de la vie sociale des Franco-Ontariens. Les stratégies ou les actions collectives de survivance et d'épanouissement ont toujours été élaborées pour obtenir le maintien et la survie de la langue française. Les luttes pour l'obtention des écoles bilingues sont des exemples concrets de cette situation.

Mais si la langue a été, depuis la venue des Québécois en Ontario, un des axes de la survie, il ne faut pas oublier qu'elle était très étroitement liée à la foi catholique, et que la situation québécoise relative à la relation entre la langue et la religion s'applique aussi à l'Ontario. C'est dire que les combats pour la défense de la langue recouvraient dans presque tous les cas un autre combat: «le combat pour la foi catholique» (Falardeau, 1976: 14). En Ontario, nous assistons au même processus: la langue française est étroitement liée à l'Église catholique, qui a pendant plusieurs décennies assumé l'organisation de la lutte pour la survie du fait français.

The Catholic Church was just as important to the French Canadians as it was to the Irish Catholics, perhaps even more so. It was French Canada's only native powerful institution, and its most important centre of personal and cultural identity. French-Canadian churchman were, by the same token, their society's primary and most powerful leaders; any religious, educational or political enterprise was doomed to failure if strongly and consistently opposed by the Church. Their leadership in the Ontario struggle was both necessary and inevitable. (Choquette, 1975: 252)

L'histoire des Canadiens français de l'Ontario le prouve: la défense de la langue française et de la religion catholique devient le thème central et symbolique des luttes les plus obstinées, ainsi que la raison d'être de la plupart des mouvements sociaux et culturels qui absorbèrent l'énergie et l'effort de la majorité des intellectuels et des animateurs franco-ontariens. Si le peuple veut demeurer français, il doit demeurer catholique. Mais la langue française est aussi gardienne de la foi catholique, et lutter pour le français à l'école, c'est lutter pour garder l'âme même des enfants, car une langue c'est une âme, et si on parle bien sa langue, on garde bien son âme (Courteau, 1971: 68).

Cette association, langue et religion, amène Jean-Charles Falardeau à affirmer que, pour le Québec et le Canada français (il est extrêmement difficile de les dissocier avant la Révolution tranquille), la langue française a été un instrument subordonné à la religion et que la langue n'a pas été, pour notre collectivité, une valeur culturelle importante.

Elle a été le référentiel d'un signifié plus radical et estimé essentiel: celui de la foi catholique. La fidélité à la langue a été conditionnée et justifiée par la fidélité à quelque chose d'autre: la religion. La langue française n'a eu ici qu'un caractère ancillaire, instrumental. (Falardeau, 1976: 14)

Pour Falardeau, cette situation est responsable «des déboires linguistiques actuels du Québec» (et à plus forte raison des déboires linguistiques des francophones de l'Ontario), et elle explique en grande partie les difficultés à maintenir la langue française comme une langue de vie quotidienne dans les communautés françaises. Si cette analyse s'applique au Québec, où les francophones sont majoritaires, qu'en est-il de l'Ontario où les francophones représentent une infime partie de la population ?

> [...] là réside, dans une large mesure, la cause de nos déboires linguistiques actuels: la langue française n'a pas été pour notre collectivité [le Québec], sauf des exceptions, une valeur de culture. Elle n'a eu, je le répète, que le caractère subordonné à une chose primordiale: la foi à conserver. (Falardeau, 1976: 14)

Cette interprétation de la subordination de la langue française à la religion catholique est nuancée par Robert Choquette. Dans son livre *Language and Religion,* il voit dans les conflits religieux de l'Ontario des conflits linguistiques et ethniques. Que la langue française soit subordonnée ou non à la religion catholique, ces deux réalités, imbriquées l'une dans l'autre dans une relation réciproque, forment à travers l'histoire l'élément ethnoculturel profond de différenciation, d'identification et d'appartenance ethniques pour la communauté franco-ontarienne.

Les changements internes et externes des dernières décennies nous amènent à poser les questions suivantes: est-ce que les Franco-Ontariens peuvent délaisser leur identité ethno-religieuse pour devenir un groupe linguistique et culturel qui considère la langue française comme la pierre angulaire de l'identité? Est-ce que la langue française constitue un

élément de communalisation suffisamment fort pour créer
une cohésion sociale qui conduira à la naissance d'une communauté ethnique?

La bilinguisation de l'univers culturel

Comme nous avons pu le constater, la concentration
linguistique d'un groupe ethnique joue un rôle important pour
le maintien de la langue maternelle, et facilite la communalisation en maintenant les frontières ethniques et en
développant les sentiments d'appartenance et de solidarité
qui, à leur tour, s'inscrivent dans le processus de construction
de l'identité ethnique. Si la langue française, associée à la
religion catholique, a été l'élément central de la formation de
l'ethnie canadienne-française à travers l'histoire des francophones de l'Ontario, nous serions en droit de nous demander
où en est la situation linguistique des francophones
aujourd'hui.

La langue maternelle marque l'identité individuelle et
collective. Elle peut être en même temps un élément de
communalisation et de différenciation. Les Franco-Ontariens
connaissent des situations de dispersion et de transferts linguistiques très différentes d'une région à l'autre, et le comportement linguistique est souvent marqué par le bilinguisme
et la diglossie. L'interprétation de ce comportement en fonction d'un sentiment subjectif d'appartenance ethnique repose
sur une description plus détaillée de la situation de la langue
française dans la vie quotidienne des Franco-Ontariens.

Si, en 1981, 652 900 Ontariens étaient d'origine française, seulement 475 605 déclaraient avoir le français comme
langue maternelle, alors que 307 290 Ontariens utilisaient le
français au foyer. Nous constatons une diminution sensible
des effectifs: 53% des Ontariens d'origine française n'utilisent plus le français au foyer, alors que le foyer est souvent
considéré comme le dernier bastion de la langue de la mi-

norité. Mais, depuis plusieurs années, les analystes ne retiennent plus les comparaisons entre l'origine ethnique et la langue maternelle pour décrire les phénomènes de transferts linguistiques et d'assimilation. Ils se réfèrent plutôt à une comparaison entre la langue maternelle et la langue d'usage. Les problèmes relatifs à l'origine ethnique par la paternité et les difficultés à établir des relations étroites et claires selon l'origine ethnique et la situation linguistique et culturelle des groupes ont amené les analystes à utiliser l'indicateur «langue maternelle française» parce qu'il «colle mieux à la définition du francophone» (F.F.H.Q., Vol. 1, 1977: 21). Il en résulte que la communauté franco-ontarienne est réduite essentiellement à un groupe linguistique. De fait, une fraction considérable de l'ethnie historique, de par son origine française, n'est plus considérée dans le groupe parce qu'elle n'utilise plus la langue française: le facteur linguistique devient l'élément objectif déterminant l'appartenance ethnique initiale. Bien que cette réduction limite les effectifs, elle permet tout de même aux analystes de mesurer de façon plus précise l'importance des groupes qui sont de fait des regroupements linguistiques. En comparant la langue maternelle et la langue d'usage, le taux de transferts linguistiques chez les Franco-Ontariens se situe à 34%, comme le démontre le tableau 5-2 en annexe. L'anglicisation de la population de langue maternelle française est une réalité avec laquelle doit composer la francophonie ontarienne, alors que plus du tiers de cette collectivité utilisait l'anglais au foyer en 1981. Charles Castonguay a démontré que toute la dynamique des transferts linguistiques s'opère entre la naissance et l'âge de 45 ans, avec une période critique entre 15 et 34 ans pour ce qui est du Canada. Les transferts linguistiques se stabilisent entre 35 et 54 ans, pour diminuer après 55 ans (Castonguay, 1976: 343).

Ces transferts linguistiques diminuent la croissance normale des effectifs de la minorité et augmentent d'autant ceux de la majorité. Ce phénomène de minorisation, en diminuant la concentration du groupe ethnique, s'accentue de génération en génération à moins que le groupe connaisse un taux de natalité élevé ou un apport important d'immigrants francophones. Le taux de natalité ne diffère pas tellement de celui de la majorité, et la migration francophone se fait surtout vers des régions à faible concentration française, de telle sorte que le poids démographique relatif des deux groupes accentuera la force d'attraction linguistique que constitue déjà la majorité anglaise de l'Ontario, et, conséquemment, entraînera une accélération des transferts linguistiques qui vont alimenter et augmenter le rythme de la minorisation des francophones.

Le phénomène de minorisation par des modifications démolinguistiques et géolinguistiques, associé à un changement des structures au niveau de l'urbanisation et de l'industrialisation des populations francophones de l'Ontario, rend très difficile l'organisation et la mise sur pied d'institutions sociales. Celles-ci permettraient au groupe franco-ontarien de résister à l'intégration sociétale qui devient un phénomène inquiétant pour ceux voulant élaborer des stratégies de survivance. Mais la disponibilité d'un service et la mise sur pied d'une institution n'en garantissent pas pour autant l'utilisation.

Les mariages mixtes expliquent en partie les transferts linguistiques chez les francophones de l'Ontario. La minorisation ethnique par les transferts linguistiques contribue à diminuer les effectifs francophones. La perméabilité des frontières restructure les réseaux de relations sociales, et l'exogamie illustre bien les conséquences de ces situations de relations minoritaires/majoritaires. En 1971, le taux d'exogamie (mariage à un membre d'une autre ethnie) chez les époux de langue maternelle française en Ontario était de 28,9%, alors qu'il était de 30,4% chez les épouses de langue maternelle française (F.F.H.Q., Vol. 1, 1977: 33). En 1976, la situation ne s'améliore pas, et en 1981 le taux d'exogamie de la population de langue française de l'Ontario est encore plus élevé qu'en 1976 (tableau 5-3). Si nous considérons la dynamique linguistique et culturelle à l'intérieur de ces mariages interethniques, nous pouvons facilement les associer à un processus d'assimilation (Carisse, 1969). Il ne faut pas oublier que les mariages mixtes anglophones/francophones sont aussi souvent des mariages mixtes catholiques/protestants qui sont, depuis quelques décennies, permis par les deux Églises, qui affichent une plus grande tolérance devant la prolifération de ces mariages interreligieux. En 1971, 92% des francophones ayant épousé une personne d'un autre groupe linguistique utilisaient l'anglais le plus souvent au foyer. Ils deviennent ainsi des personnes dont la langue d'usage est l'anglais. Cette situation amenait les rédacteurs de la F.F.H.Q. à affirmer que l'exogamie et le milieu de travail sont les deux facteurs qui contribuent le plus aux transferts linguistiques et à l'anglicisation des francophones du Canada (F.F.H.Q., Vol. 1, 1977: 33).

En poussant encore plus loin notre étude relative à la situation linguistique des francophones de l'Ontario, nous pourrions nous demander quelles sont les habitudes du comportement linguistique dans la vie de tous les jours. En situation de minorité dans un milieu bilingue, la décision de parler anglais ou français relève probablement d'habitudes, mais n'est pas une simple question de préférence de l'une ou de l'autre de ces deux langues ou encore une question de volonté. Le comportement linguistique est influencé par le contexte global, c'est-à-dire la situation de minoritaire, l'organisation sociale, l'identification ethnique, la connaissance du français et de l'anglais, et une série d'autres facteurs qui conditionnent l'utilisation de l'anglais ou du français dans telle ou telle situation. De plus, il faut se rappeler que «les douaniers des frontières linguistiques ne sont ni les policiers ni les bureaucrates, mais les unilingues» (Guindon, H.,

1977: 353).

En 1977, une enquête sur le comportement linguistique réalisée auprès des francophones de trois villes du Nord-Est de l'Ontario, notamment Hearst, Kapuskasing et Cochrane, qui comptent respectivement 78,4%, 57,7% et 44,5% de francophones, a permis de mesurer l'usage quotidien du français et de l'anglais dans une centaine d'activités d'interactions sociales (Bernard, 1978: 146-148). Les principales conclusions se résument ainsi:

° Dans toutes les situations d'interactions sociales étudiées, et indépendamment de la ville de résidence, les Canadiens français de l'Ontario nés au Québec utilisent plus souvent la langue française dans leurs relations que les Canadiens français nés en Ontario (pour Hearst, Kapuskasing et Cochrane).

° Dans le monde des communications de masse, soit de l'électronique ou de l'écrit, les francophones sont surtout à l'écoute ou à la lecture des médias de langue anglaise.

° Dans le monde des affaires, dans le monde du travail, lors des activités syndicales, lors des communications avec les agences ou les services du gouvernement de l'Ontario, et lors des échanges avec plusieurs professionnels, les francophones démontrent une nette propension à utiliser l'anglais.

° À l'église, au contact du voisinage, dans le milieu scolaire et familial, lors des relations primaires, les francophones utilisent surtout la langue française.

° Dans tous les secteurs d'activités de la vie quotidienne à l'étude, les Canadiens français de Kapuskasing et de Cochrane se servent plus fréquemment de la langue anglaise que les Canadiens français de Hearst, qui forment plus de 80% de la population de cette ville.

° Dans les situations d'interactions sociales, à l'exception du comportement linguistique relié au monde du travail, les Canadiens français de Cochrane utilisent l'anglais plus souvent que les Canadiens français de Kapuskasing, qui forment respectivement 44,5% et 57,7% de la population de ces villes.

Dans un article intitulé «The French Language in Ontario: Renaissance, Stagnation or Collapse?», Paul Lamy (1977) arrive à la conclusion que les francophones de l'Ontario sont de plus en plus vulnérables face à l'assimilation linguistique, qu'il associe à une plus grande interdépendance structurelle qui entraîne une convergence culturelle. L'éclatement de la société traditionnelle canadienne-française et l'effritement des frontières ethniques dus à l'industrialisation et à l'urbanisation, à l'exogamie, aux transferts linguistiques, au déclin des valeurs religieuses et au bilinguisme des francophones de l'Ontario (84% de la population francophone de l'Ontario est bilingue en 1981) ne permettent pas aux Franco-Ontariens de développer un réseau d'institutions pour en arriver à former une société réellement segmentée. De plus, toujours selon Lamy, un réseau d'institutions plus complet ne peut modifier sensiblement la situation de l'assimilation linguistique et culturelle. Cette situation s'explique ainsi: les anglophones des milieux majoritairement francophones sont unilingues; les francophones sont structurellement intégrés aux communautés anglophones; les francophones de l'Ontario sont situés aux frontières de deux grandes collectivités unilingues: le Québec et l'Ontario; enfin, le bilinguisme des francophones de l'Ontario fait partie intégrante de l'identité collective d'une proportion plus grande de ces mêmes francophones.

Ces conclusions risquent de modifier les stratégies habituellement mises de l'avant pour assurer la survie, notamment les stratégies pour diversifier le réseau d'institutions qui permet aux francophones d'utiliser quotidiennement le français. Mais la bilinguisation culturelle des francophones ne s'arrête pas au comportement linguistique. En effet, lors d'une enquête réalisée en 1977 (Bernard, 1978), nous avons demandé aux répondants ce qu'ils considéraient être l'élément essentiel de la culture des Canadiens français de l'Ontario. Nous avons suggéré trois éléments de réponse non restrictifs (les répondants pouvaient répondre autre chose): la religion catholique, la langue française, le fait d'être bilingue. En consultant le tableau 5-4, nous constatons que les Canadiens français de trois villes du Nord-Est de l'Ontario considèrent que «le fait d'être bilingue est l'élément culturel le plus important des Canadiens français de l'Ontario». Seulement 15,8% des répondants ont accordé la première place à la langue française, et 11,7% l'ont accordée à la religion catholique.

Nous commençons à réaliser à partir de ces données et en tenant compte de l'ensemble de l'analyse, que la langue et la culture françaises des francophones de l'Ontario s'inscrivent dans l'univers du bilinguisme, et que si elles sont valorisées, cette valorisation est fonction du bilinguisme et du biculturalisme.

Cette tendance à la bilinguisation de l'univers culturel des Franco-Ontariens prend de plus en plus d'ampleur. Le rapport d'une enquête, réalisée en 1975-1976, sur les intentions éducatives et professionnelles des élèves franco-ontariens des douzième et treizième années des écoles secondaires de l'Ontario, démontre qu'ils désirent un contexte culturel bilingue, qu'ils sont attirés par des institutions bilingues et biculturelles, et qu'ils aspirent à travailler dans un milieu bilingue (Bordeleau et Gervais, 1976: 112 et 117).

Si d'après Jean-Charles Falardeau, qui se référait à la société canadienne-française du Québec, la langue repré-

sentait un instrument subordonné à la religion, elle est devenue de nos jours, pour une partie grandissante de la collectivité franco-ontarienne, un instrument de communication rat-
taché à l'apprentissage de la langue maternelle qui s'inscrit et
est subordonné à un univers culturel axé sur le bilinguisme.

La langue française ne semble pas, pour l'ensemble de
la collectivité française, une valeur de culture «qui devient le
centre d'une norme qui enseigne, oriente et conditionne de
façon habituelle les conduites effectives» des acteurs sociaux
franco-ontariens. La langue française représente probablement, pour un groupe d'Ontariens francophones, une norme
culturelle qui oriente l'action sociale et qui facilite la communalisation. Toutefois, ce phénomène ne s'applique pas à
l'ensemble des personnes d'origine française ou de langue
française. Il s'applique certainement à un sous-groupe de
cette population, encore qu'il soit extrêmement difficile de le
démontrer clairement et de l'identifier distinctement.

Nous pourrions ici reprendre toute la problématique de
la mesure du sentiment d'appartenance ethnique associé à la
langue française comme élément normatif du comportement
que nous avons déjà définie au début du travail, mais les
études actuelles ne présentent pas les données nécessaires
pour établir que la langue française est une valeur en soi. Si
l'apprentissage et l'usage du français sont des phénomènes
culturels normatifs pour un groupe de Franco-Ontariens,
pour d'autres ces phénomènes sont importants en autant
qu'on les associe à l'apprentissage et à l'usage de l'anglais,
rendus obligatoire par le contexte quotidien. Dans ce dernier
cas, l'élément le plus important de la culture des Canadiens
français de l'Ontario est fort probablement «le fait d'être
bilingue». Si des Franco-Ontariens ont lutté pour définir et
actualiser des idéologies de survivance et d'épanouissement
de la langue et de la culture françaises, d'autres vont
aujourd'hui se donner des instruments et des institutions, ou
vont simplement vivre des situations d'interactions sociales

et d'intégration structurelle, qui favoriseront l'actualisation des idéologies culturelles et linguistiques axées sur le bilinguisme. Cette situation conduira éventuellement à une assimilation culturelle plus poussée et plus rapide, qui accentuera la minorisation des francophones et la perte des éléments de différenciation ethnique traditionnelle.

Les luttes obstinées pour obtenir des écoles françaises et des services bilingues du gouvernement de l'Ontario, ainsi que les mobilisations pour créer un réseau complet d'institutions françaises en vue d'assurer la survie du fait français en Ontario, se sont butées à une transformation des structures sociales et économiques des communautés franco-ontariennes et à une mutation des représentations symboliques. Ces transformations ont rendu presque impossible le maintien de la langue française comme langue de vie quotidienne pour l'ensemble des communautés françaises de l'Ontario.

Les déboires actuels, qui exigent des programmes de refrancisation et d'alphabétisation, s'expliquent par des déterminismes historiques qui ont marqué les rapports sociaux, politiques, économiques et culturels de la collectivité francophone. L'Ontario français est issu d'une société canadienne-française religieuse, traditionnelle, rurale et sous-scolarisée, caractérisée par une infériorité socio-économique endémique. En général, les Franco-Ontariens sont d'origine prolétarienne, exercent des métiers manuels ou mécaniques, se retrouvent dans le secteur primaire (agriculture, forêt et mines), et sont peu instruits. Les aspirations étaient limitées, les familles nombreuses, et les horizons restreints. De ces conditions émanent des structures symboliques et des croyances qui participent au maintien de la hiérarchisation ethnique et de l'habitus à travers l'histoire. Les croyances catholiques ultramontaines, le salut par la terre, la non-valorisation de l'instruction et du savoir qui peuvent entacher la nature humaine et divine de l'homme, la soumission

de la femme et de l'homme à Dieu et de la femme à l'homme,
le dénigrement de la richesse, du pouvoir, de l'idée du
capitalisme (en respectant les préceptes d'humilité, de dépouillement, de simplicité, etc.) et de tout ce qui peut conduire
aux sept péchés capitaux, l'appréhension des nouvelles connaissances et l'inquiétude devant les idées étrangères
façonnent la réalité, fixent les visions du monde et contribuent à la reproduction des conditions initiales.

La culture émerge à peine de ces conditionnements
historiques structurés et de ces schèmes de perception, de
pensée et d'action qui ont un pouvoir constitutif du caractère
social franco-ontarien. Les acteurs ne sont pas étrangers aux
mécanismes de reproduction des représentations et des relations de pouvoir qui concourent à la formation d'un monde de
sens communs. Les perceptions deviennent des réalités objectives, les actions, souvent, inintentionnelles et les justifications, machinales.

Les Franco-Ontariens qui subissent des rapports de
domination et d'exploitation participent activement, mais
inconsciemment, à l'actualisation de ces rapports. Il ne s'agit
pas seulement d'un consentement, mais aussi d'une
connivence involontaire. Pour changer le monde, comme le
dit si bien Bourdieu, «il faut changer les manières de faire le
monde», c'est-à-dire la culture et les structures produites et
reproduites à travers l'histoire, parce que les rapports inégaux
de pouvoir tendent à se perpétuer dans les structures
symboliques. Le changement exige une action radicale. Les
continuités sont naturelles, mais les discontinuités,
révolutionnaires.

Les Ontarois

Les nouvelles ambivalences relatives à l'identité et à la
communauté franco-ontarienne n'empêchent pas les analystes et les définisseurs de situations de parler des Franco-

Ontariens comme s'il s'agissait d'un groupe ethnique monolithique assez facilement identifiable à partir des données statistiques du recensement du Canada. Dernièrement, ces mêmes analystes parlaient du devenir ontarois des Franco-Ontariens. Ils construisaient leur armature conceptuelle en mettant en relief l'évolution historique des identités par la description des changements de frontières ethniques axés principalement sur les transformations associées au passage d'une société traditionnelle à une société moderne et urbanisée.

La plupart des analystes de la scène franco-ontarienne, et plus particulièrement Juteau dans plusieurs textes, présentent trois grandes étapes de l'identité collective des Franco-Ontariens: les Canadiens français, les Franco-Ontariens et les Ontarois. La désagrégation de l'idée de nation canadienne-française, l'actualisation de l'identité québécoise, et d'autre part la montée d'un régionalisme et les résurgences ethniques qui pointent depuis deux décennies, font en sorte que les Canadiens français de l'Ontario doivent se redéfinir, se donner un nouveau projet collectif, et mettre à leur disposition les ressources nécessaires pour le réaliser. Ces facteurs externes s'ajoutent à tous les facteurs internes de changements sociaux qui, à travers l'histoire des Franco-Ontariens, ont contribué à la naissance d'une nouvelle identité.

Juteau note avec justesse, après avoir étudié cinq communautés multiethniques de l'Ontario, que les deux identités coexistent mais qu'elles sont utilisées par deux groupes différents. Les francophones qui s'intéressent au changement social et à l'animation culturelle se définissent comme des Franco-Ontariens, alors que les francophones qui déterminent leur appartenance ethnique à partir des symboles culturels préfèrent s'identifier en tant que Canadiens français (Juteau-Lee et Lapointe, 1979: 110). Les gens engagés dans la politique, l'éducation et les activités artistiques se définissent habituellement comme des Franco-Ontariens. Les jeunes qui fréquentent les écoles secondaires de langue française, les francophones qui fréquentent l'université et les gens des médias font de même. La génération plus vieille, les gens impliqués dans les sphères religieuses, et les francophones de l'Ontario qui ont gardé des liens familiaux étroits avec le Québec, préconisent l'identification canadienne-française (Juteau-Lee et Lapointe, 1979: 110).

Le nom choisi par une association peut refléter et en même temps participer à la construction de l'identité franco-ontarienne. Une des associations les plus importantes pour les francophones de l'Ontario, l'A.C.F.É.O. (Association cana-dienne-française d'éducation en Ontario), fondée en 1910, est maintenant connue sous le nom de l'Association cana-dienne-française de l'Ontario, l'A.C.F.O., qui se veut le re-groupement de tous les francophones. Même si l'A.C.F.O. se réfère encore au concept canadien-français pour s'identifier, elle se propose de modifier l'identité collective des francophones qu'elle regroupe et représente. En 1977, son plan d'action annonçait ceci: «nous aimerions que les francophones de l'Ontario s'identifient comme Franco-Ontariens» (F.F.H.Q., Vol. 1, 1977: 29). Mais, de 1910 à 1960, de nombreuses associations ontariennes adoptent le concept «canadien-français de l'Ontario» pour se nommer.

Si la dénomination «franco-ontarienne» est plus sou-vent utilisée depuis le début des années 1960, il faut noter que deux associations utilisaient déjà le terme bien avant: l'Union des cultivateurs franco-ontariens fondée en 1929, et l'Association de la jeunesse franco-ontarienne fondée en 1949 (Juteau-Lee et Lapointe, 1979: 107). Après le début de la Révolution tranquille au Québec et en même temps que l'affirmation et la montée de l'identité québécoise, de nom-breuses associations francophones délaissent le terme ca-nadien-français et adoptent celui de franco-ontarien. L'Association de l'enseignement français de l'Ontario fondée en 1939 devient, en 1963, l'Association des enseignants franco-ontariens. En 1969, l'Union culturelle des fermières, qui vit le jour en 1937, devient l'Union culturelle des Franco-Ontariennes. De nouvelles associations créées depuis 1960 (le Centre franco-ontarien de folklore, l'Institut franco-ontarien de Sudbury, le Club franco-ontarien de l'Université d'Ottawa, les Campeurs franco-ontariens d' Hamilton, etc.) acceptent la désignation franco-ontarienne. Le gouvernement de l'Ontario fait de même depuis le début de 1970: le Conseil des Arts ouvre une section franco-ontarienne et le ministère des Collèges et des Universités met sur pied le Conseil des affaires franco-ontariennes. Mais certaines associations gardent la dénomination canadienne-française: une nouvelle association fondée à Welland, en 1975, porte le nom de Le Club canadien-français de Welland (Juteau-Lee et Lapointe, 1979: 108).

Nous arriverions à peu près aux mêmes conclusions si nous devions analyser les discours des représentants de ces associations avant et après 1960 (voir Guindon, 1971). La production artistique a connu un regain de vie important durant la dernière décennie et les artistes étaient, de façon générale, porteurs du message franco-ontarien. Le théâtre franco-ontarien nous faisait revivre quelques grands moments de notre histoire; certains poètes, comme au Québec lors de la Révolution tranquille, s'engageaient politiquement dans le sens de l'affirmation franco-ontarienne; les chanteurs reprenaient les airs du folklore pour proclamer notre nouvelle identité. Par la régionalisation de l'O.N.F. (l'Office national du film), le cinéaste franco-ontarien Paul Lapointe nous rappelait, en 1980, avec *J'ai besoin d'un nom,* que nous étions à la recherche de notre identité propre. En réponse à Lapointe, Yolande Grisé, du Centre franco-ontarien de ressources pédagogiques, propose le néologisme Ontarois(es). Ce nom s'appliquerait aux personnes s'identifiant à la communauté formée à l'origine par l'établissement des Canadiens français en sol ontarien (Juteau-Lee, 1980: 42).

Tout de go, par un beau soir cinématographique, en réponse à un questionnement artistique relatif à la recherche d'une identité collective en devenir, les Ontarois et les Ontaroises sont nés. Maintenant, ils sont nommés. À partir de cette date, certains définisseurs de la francophonie ontarienne élaborent des marques ethniques ontaroises pour tenter de cerner et d'expliquer ce troisième volet de l'identité ontarienne des francophones.

Les Ontarois étaient à l'origine des Canadiens français du Québec, qui étaient eux des Canadiens, des Canayens et des Français d'Amérique, après avoir été des Français. L'émergence de la nation québécoise, qui ne regroupe pas seulement les francophones canadiens-français mais aussi les autres francophones et les autres Québécois non francophones, fera du Québec une société pluraliste qui encadrera les différents groupes ethniques minoritaires qui chercheront à construire leur identité tout comme les Franco-Ontariens, les Basques, les Bretons, les Acadiens, les Cajuns... Mais il est important de noter que l'identité ontaroise se réfère surtout à la notion subjective d'appartenance ethnique, même si la nouvelle identité prend racine dans une communauté formée au point de départ par les Canadiens français de l'Ontario.

Avant de conclure cette section, examinons les prises de position et les commentaires de certains groupes de francophones en ce qui concerne leur identité personnelle par rapport à l'identité collective.

Une recherche effectuée auprès des francophones de la région d'Ottawa révélait, en 1974-1975, que 8,9% des répondants s'identifiaient comme des Franco-Ontariens et 45% comme des Canadiens français (Lamy, 1977: 17). Une question semblable, posée lors d'une enquête réalisée en 1977 dans le Nord-Est de l'Ontario auprès des francophones, donne des résultats similaires: seulement 15,2% des répondants s'identifiaient comme Franco-Ontariens. Selon l'échantillon d'Ottawa, 62,6% des répondants se réclamaient de l'identité canadienne-française. Dans le Nord-Est, toujours à partir des données de l'enquête, l'identité canadienne ralliait 18,2% des francophones (Bernard, 1978).

De plus, Lamy a tenté de mesurer le niveau de conscience ethnique chez les anglophones et les francophones de la région d'Ottawa, et il est arrivé aux résultats suivants (Lamy, 1977: 24):

° 36,9% des répondants francophones s'identifient principalement au groupe francophone, alors que 64,9% des répondants anglophones s'identifient principalement au groupe anglophone.

° 46,4% des répondants francophones déclarent appartenir également aux groupes anglophone et francophone, contre 32% pour les répondants anglophones.

° 16,6% des répondants francophones considèrent qu'ils font partie du groupe anglophone; seulement 1,2% des anglophones se prétendent de la famille francophone.

L'ambivalence perdure lorsque le francophone essaie de reconnaître le groupe avec lequel il partage le plus d'expériences. Dans ce cas, deux francophones sur trois de la région d'Ottawa s'identifient soit aux anglophones et aux francophones, soit tout simplement aux anglophones. Il ne s'agit pas ici d'assimilés linguistiques mais bien de francophones de langue maternelle française.

Cette incursion dans la sphère de l'auto-identification des Franco-Ontariens, ce retour à l'acteur, ne simplifie pas l'analyse et confirme que l'identité traditionnelle des Canadiens français de l'Ontario est en mutation. La perception de la conscience ethnique, chargée d'ambivalence, témoigne d'une pratique diversifiée qui fait que, chez les francophones de l'Ontario, nous retrouvons des Ontarois, des Franco-Ontariens, des Canadiens, des Canadiens français et des anglophones. Sur un autre continuum, nous sommes en présence de Français, de francophiles, de bilingues et de francophones d'origine autre que canadienne-française. Il est difficile de se reconnaître dans ce labyrinthe ethnique qui renferme une multitude d'éléments qui influencent et modifient l'identité personnelle, et qui s'entrecroisent et recoupent des réalités autres que les composantes ethniques traditionnelles.

CONCLUSION

Les francophones de l'Ontario vivent de plus en plus à la croisée de deux mondes, l'un anglais et l'autre français, dans un univers bilingue qui conduit à l'intégration sociétale plutôt qu'à l'affirmation des différences ethniques. Les stratégies de développement de la communauté franco-onta-rienne divergent de celles qu'utilisent les tenants de l'identité québécoise. D'un point de vue démolinguistique, les rapports majoritaires/minoritaires différents entraînent une distanciation entre la situation ontarienne et celle retrouvée au Québec. En effet, les francophones doivent s'accommoder d'une segmentation structurelle plus faible, donc d'un réseau d'institutions ethniques plus restreint, d'une différenciation culturelle plus floue, d'une faible possibilité de politisation des conflits et de mobilisation des membres de l'ethnie.

Les Franco-Ontariens vivent à l'heure de l'accommodation. Ces changements structurels renouvellent le procès culturel (dans son sens anthropologique) parce que, pour une minorité, la culture est «le résultat de négociations continuelles avec le monde extérieur, négociations à travers lesquelles s'affirme, comme un horizon, une identité qu'on ne peut définir que comme une création continue. La culture ne peut être conçue que comme condition et conséquence de l'action sociale et des interactions avec la société globale» (Schnapper, 1986: 151).

Les mutations culturelles, notamment les transferts linguistiques, l'acculturation progressive et les changements de valeurs, conséquences des négociations avec la société globale, entravent le développement de relations sociales qui devraient favoriser l'éclosion d'un sentiment d'appartenance à la base de la formation de la communauté ethnique. Si nous reconnaissons le fait que l'ethnicité est un phénomène social qui a comme lieu principal le processus de socialisation, qu'on ne naît pas Franco-Ontarien, mais qu'on le devient, nous devons aussi accepter l'idée que les changements structurels (urbanisation, industrialisation, dispersion...) et culturels des dernières décennies brouillent les frontières ethniques, orientent les pratiques langagières et transmuent les représentations symboliques, et plus particulièrement le sens que nous accordons à l'origine ethnique, à la langue française et à notre histoire. Ces trois composantes qui marquent l'identité ethnique doivent favoriser l'établissement de relations sociales de communalisation qui conduisent à la formation d'une communauté.

Les migrations internes vers les régions du Sud-Ouest et du Centre de l'Ontario, à forte croissance économique mais à faible densité francophone, accentuent les modifications de l'espace démolinguistique, confirment la minorisation et consacrent le bilinguisme. Ces migrations accélèrent les changements amorcés et amplifient les différences régionales qui risquent de provoquer un effritement culturel graduel et une fragmentation de la collectivité: les Ontarois d'Ottawa, les Franco-Torontois, les «moi-je-viens-du-Nord», les Canadiens français d'un peu partout et d'avant, les bilingues, etc. Si la culture est une création continue et qu'elle doit être conçue comme la «conséquence des interactions avec la société globale», il serait logique de voir apparaître des différences culturelles issues des rapports sociaux majoritaires/minoritaires distincts d'une région à l'autre. Les recherches actuelles ne permettent pas d'élucider ces différences.

L'infériorité socio-économique historique des Canadiens français porte à croire que les inégalités entre les francophones et les anglophones de l'Ontario pourront constituer, comme au Québec au début des années 1960, un ensemble de doléances qui se trouvera à la base de revendications qui provoqueront l'éveil de la conscience nationale. Mais les inégalités sociales et économiques à l'intérieur de la collectivité francophone masquent les inégalités, réelles ou supposées, entre les francophones et les autres groupes ontariens, de telle sorte qu'il est difficile de conclure qu'ils forment une classe sociale et que les intérêts de cette classe se transformeront en prise de conscience ethnique. Au contraire, en situation de minorité extrême, dans les régions du Sud-Ouest et du Centre, les francophones ont tendance à délaisser l'identification culturelle pour épouser les intérêts et les préoccupations des classes sociales qui correspondent à leur statut socio-économique, indépendamment de l'appartenance ethnique. En outre, la situation économique des Franco-Ontariens ressemble de plus en plus à celle de l'ensemble des citoyens de l'Ontario: les inégalités entre les francophones et les anglophones s'estompent au lieu de se cristalliser. Il se peut que la sous-scolarisation des francophones associée aux transformations structurelles de l'économie ontarienne (développement accéléré du Sud et passage du secteur des transformations au secteur des services) occasionne une division culturelle du travail, mais cette tendance n'est pas clairement définie.

La question de l'identité collective et individuelle des francophones est complexe: les rapports sociaux internes et externes sont maintenant très diversifiés d'une région à l'autre, d'un groupe à l'autre, et il ne semble pas y avoir, comme à une certaine époque, un facteur de communalisation qui solidarise les francophones. À l'étape des Canadiens français de l'Ontario, la vitalité de la vie française ontarienne prenait racine dans l'hermétisme social et découlait de la force de la communauté canadienne-française du Québec. De plus, la religion catholique, liée à la langue et à la culture françaises, constituait un facteur qui conduisait à des relations de communalisation pour la communauté française. La religion est devenue un agent de communalisation lorsque, liée à la langue et la culture françaises, elle fut inscrite dans une action collective d'articulation des différences entre anglophones et francophones, entre catholiques et protestants (qui, pour les francophones, représentent les non-catholiques), et entre francophones catholiques et anglophones catholiques. Les luttes pour les écoles catholiques et bilingues, le règlement XVII, le contexte social, rural et agricole, associé aux francophones, ainsi que le contexte urbain et industriel, associé aux anglophones, témoignent amplement d'un rapport inégal qui fait que l'affirmation consciente des oppositions et des différences est vécue ou ressentie comme objective. Jadis, la religion catholique, étroitement liée au fait français, favorisait la naissance et l'éclosion du sentiment d'appartenance au groupe canadien-français de l'Ontario. Ces éléments constituaient le noyau dur de la culture.

Tout au long de l'analyse, nous avons tenté de démontrer que l'ensemble de l'espace social, linguistique et culturel des francophones se modifie par la déruralisation, l'industrialisation, la minorisation, la dispersion, la bilinguisation et l'exogamie. Dans ce nouveau contexte, la langue française, dissociée de la religion, peut très difficilement devenir une valeur de culture qui oriente les comportements et coalise les francophones.

Dans la situation particulière que nous venons de décrire, la nouvelle idéologie du bilinguisme fait que la langue française n'est pas, pour l'ensemble, une valeur en soi. Elle serait, d'abord et avant tout, un outil, un instrument, coupé certes de la réalité quotidienne, subordonné à un référentiel plus important, la langue anglaise, que nous devons non seulement posséder, mais maîtriser, et qui devient pour plusieurs le centre d'une norme qui inspire, conditionne les conduites effectives, et permet de franchir les frontières linguistiques et culturelles.

Pouvons-nous discerner une conscience collective franco-ontarienne et identifier un facteur de communalisation apte à favoriser l'émergence d'une solidarité et d'une appartenance franco-ontarienne qui orienteraient les comportements sociaux mutuels des membres de l'ethnie et des membres des autres groupes sociaux?

Il ne s'agit pas d'énumérer les caractéristiques des Franco-Ontariens ou de préciser les facteurs objectifs du développement historique, mais d'établir l'hypothèse la plus élémentaire de communalisation qui deviendrait le référentiel de l'identité, le catalyseur de l'action collective franco-ontarienne, une valeur culturelle qui revêtirait une signification particulière pour la communauté francophone. Quels sont les éléments symboliques qui peuvent mobiliser les intérêts du groupe ethnique? Est-ce que le nouvel élément d'identification sera partagé par un assez grand nombre de membres de l'ethnie pour que le groupe puisse maintenir des frontières autour de cet élément?

Le problème de l'identité devient alors un problème de transmission d'une culture qui balise les frontières et marque les différences ethniques. Même si l'assimilation linguistique entraîne presque automatiquement, chez les francophones

ontariens, une baisse du niveau de conscience de
l'appartenance, cela ne veut pas dire pour autant qu'ils
s'intègrent immédiatement au groupe majoritaire sans former
d'abord un sous-groupe à l'intérieur de la société majoritaire.
La modification des frontières ethniques n'entraîne pas obligatoirement l'assimilation structurelle du groupe.
L'assimilation, d'ordre linguistique, culturel ou structurel, est
une composante actuelle de la vie quotidienne des
communautés francophones de l'Ontario, et elle n'est qu'une
facette de la multidimensionnalité des Franco-Ontariens.

Si le modèle assimilationniste a dominé la scène sociologique des relations ethniques pendant quelques décennies,
nous devons nous intéresser au processus relationnel qui
permet aux différents groupes de créer et de maintenir de
nouvelles frontières ethniques, malgré les interactions
sociales qui se déroulent de part et d'autre de ces frontières.

Les Franco-Ontariens qui se rattachaient, à l'origine, à
la société canadienne-française qui a connu l'effritement par
l'affirmation de l'identité québécoise, deviennent double-
ment minoritaires et marginalisés. Une distinction linguistique, culturelle et structurelle de plus en plus marquée entre
les francophones ontariens et les francophones québécois va
accentuer la segmentation et la distanciation des groupes.
L'enracinement dans un carrefour social et culturel, qui
n'était au point de départ qu'une continuité québécoise en
terre ontarienne, témoigne d'une identité éclatée qui rendra
difficile la reprise en main ethnique dans sa forme traditionnelle.

ÉPILOGUE

[handwritten annotation: ils n'ont pas pu à travers l'histoire capitaliste leurs avantages égaux]

L'établissement des écoles secondaires de langue française n'a pas jugulé l'assimilation linguistique, ni enrayé la sous-scolarisation. L'obtention des services gouvernementaux en français ne provoque pas de ruées et il est fort probable que la loi-cadre n'entraînera pas de changements sensibles en ce qui concerne l'usage du français dans la vie quotidienne des Franco-Ontariens. Tout compte fait, le réseau d'institutions ethniques (écoles, collèges, universités, caisses populaires, télévision éducative, centres culturels, clubs sociaux, radios, théâtres, maisons d'édition, paroisses...) propre aux francophones de l'Ontario est plus complet maintenant qu'il y a trois ou quatre décennies, mais il n'assure pas pour autant la survivance linguistique et culturelle de la communauté.

Pourtant la montée de l'idéologie du bilinguisme, but sacré des organismes voués au développement de la francophonie, aurait dû faciliter le travail des institutions ethniques. Le bilinguisme qui se voulait un outil pour rétablir les inégalités sociétales entre les deux peuples fondateurs, fait partie aujourd'hui des stratégies et des pratiques pour maintenir les positions individuelles et pour consolider les positions des groupes les uns par rapport aux autres. Après vingt ans de luttes linguistiques, nous voyons le bilinguisme, notre cheval de bataille, se transformer tout à coup en Pégase aux mains de la majorité. Nous aurions dû savoir qu'une valeur culturelle s'établit dans une relation sociale, et que les Franco-Ontariens minoritaires, c'est-à-dire sans pouvoir symbolique réel, ne pouvaient pas modifier leur position sociale en jouant la carte du bilinguisme.

Nous avions l'impression de jouer gagnant avec l'avantage du point de départ, mais cet avantage supposait l'immobilité des autres groupes. La fin de l'utopie marque peut-être le début d'un processus d'analyse qui nous permettra de mieux comprendre le fonctionnement des groupes.

Proposition I

Les sociétés possèdent des capacités croissantes d'agir sur elles-mêmes, non pas seulement à imposer des formes de travail, ce qui était le propre des sociétés industrielles, mais des genres de vie, des conduites et des besoins, ce qui est l'apanage des sociétés postindustrielles (Touraine, 1984). Alors que l'emprise passe de la production à tous les aspects de la vie qui forment le noyau central de la culture et transforment les pratiques sociales, la modernisation de la société franco-ontarienne provoque l'effet contraire, c'est-à-dire l'intégration à la culture et aux pratiques de la majorité, de telle sorte que la société franco-ontarienne connaît une crise de socialisation ethnique qui conduit à l'éclatement et au morcellement de la société originelle.

Il n'y a pas de panacée ethnique, mais pour espérer

trouver la bonne réponse, sachons, à tout le moins, poser la bonne question. Avant de s'interroger sur les institutions qui favorisent le mieux l'épanouissement et le développement harmonieux de la communauté franco-ontarienne, n'est-il pas essentiel de s'interroger sur la formation d'un groupe (ou comment instituer un groupe)?

En invoquant l'idée d'institutions, nous ne parlons pas seulement de structures bureaucratiques ou de structures sociales comme la famille, l'école, la religion, les médias, définies dans un contexte social et historique caractérisé par une situation de minoritaire depuis plus d'un siècle, mais nous parlons d'institutions structurant des manières de faire, de sentir et de penser, à peu près constantes, contraignantes, distinctives et partagées par des Canadiens français ou des Franco-Ontariens selon l'époque.

Les institutions ethniques doivent encadrer de nombreuses pratiques sociales, favoriser les échanges à l'intérieur du groupe et ainsi participer à la construction de la communauté franco-ontarienne et au développement d'un champ culturel d'une génération à l'autre (Breton). Le problème est donc à la fois structurel et culturel. Depuis plusieurs décennies, nous avons consacré beaucoup de temps et d'énergies à compléter le réseau d'institutions dans l'espoir d'assurer le maintien de la communauté, mais il est essentiel que le processus de socialisation à l'intérieur des institutions conduise à la formation ou à la consolidation du groupe ethnique.

Proposition II

En reprenant les mots de Simone de Beauvoir, je répète qu'on ne naît pas Franco-Ontarien, on le devient. L'ethnicité est un phénomène essentiellement social qui a comme lieu principal le processus de socialisation qui permet à des personnes de partager une culture, une identité et une histoire.

L'ethnicité est donc acquise, basée sur des différences et des ressemblances, et maintenue par des institutions sociales qui établissent des frontières communautaires de reconnaissance ethnique, frontières qui balisent l'identité individuelle. Les éléments conjoncturels associés à la langue française en Ontario, notamment l'origine québécoise, l'histoire rurale et le catholicisme, constituent des particularismes culturels qui peuvent marquer les ressemblances et les différences entre les Franco-Ontariens et les autres groupes ethniques de l'Ontario. Mais ils ne représentent pas intrinsèquement des éléments de l'identité ethnique. Pour le devenir, ces phénomènes objectifs doivent être transformés en valeurs culturelles qui influenceront les comportements et qui marqueront les pratiques de la vie quotidienne.

Proposition III

Ces particularismes culturels forment une partie seulement de la réalité objective et subjective des membres de l'ethnie, parce que les interactions se font de part et d'autre des frontières ethniques et, par conséquent, le sens que nous donnons à ces particularismes n'est pas établi seulement à l'intérieur du groupe, mais est négocié avec la société globale. Les responsables des institutions sociales mises en place pour assurer la continuité ethnique et la survivance culturelle doivent attacher une importance prépondérante aux sens accordés aux phénomènes objectifs de l'identité, parce que les comportements s'orientent selon le sens que l'acteur franco-ontarien attribue aux éléments, réels ou supposés, qui entrent dans le champ de ses relations sociales.

Les effectifs franco-ontariens sont souvent établis en répertoriant les personnes qui répondent aux critères d'inclusion selon l'hérédité culturelle (origine canadienne-française) ou linguistique (langue maternelle française). Elles représentent le bassin de la population susceptible de former une communauté. Lorsque nous affirmons que 475 605 personnes de l'Ontario, en 1981, forment la société franco-ontarienne, nous attribuons à ces personnes des qualités, des attitudes et des comportements d'individus qui entretiennent des relations en accordant, à la langue française ou à l'origine canadienne-française, une valeur culturelle particulière qui transforme les relations sociales en relations témoignant d'une solidarité ethnique. Max Weber les qualifie de relations de communalisation, c'est-à-dire conduisant à la formation d'une communauté.

Cette relation de communalisation n'est pas une donnée allant de soi et qui serait reliée au fait d'apprendre ou d'utiliser une langue maternelle, mais elle peut se développer à partir du partage d'une langue ou d'une culture. La relation de communalisation passe obligatoirement par un sentiment subjectif d'appartenance à une communauté linguistique ou culturelle, sentiment qui oriente mutuellement les acteurs des différents groupes. Les responsables des institutions sociales qui élaborent des stratégies de développement de la communauté franco-ontarienne doivent reconnaître le fait que la communauté ethnique repose sur un sentiment subjectif d'appartenance, sur le sens accordé aux éléments d'identification, et non sur des valeurs intrinsèques que l'on croit, à tort, automatiquement reliées à l'apprentissage du français lors des premières années de socialisation, même si la différence ou la ressemblance objective est à la base de ce sentiment d'appartenance. Nous ne sommes pas Franco-Ontariens parce que nous étudions la mathématique ou la chimie en français.

Proposition IV

Reprenons les principaux jalons de l'histoire de l'Ontario français. À l'époque des Canadiens français de l'Ontario, la vitalité de la vie française ontarienne prenait racine dans un hermétisme social, impossible à maintenir aujourd'hui, et découlait de la force de la communauté canadienne-française du Québec.

La religion catholique constituait alors un facteur qui conduisait à des relations de communalisation pour la communauté française. En effet, la religion devenait un agent de communalisation pour les francophones lorsque, liée à la langue et à la culture françaises (la langue gardienne de la foi et la foi gardienne de la langue), elle était inscrite dans des actions collectives d'articulation des différences ethniques entre anglophones et francophones, et aussi entre francophones catholiques et anglophones catholiques. Dans ce contexte historique, la religion catholique, élément ethnoculturel profond, est étroitement liée au fait français, et les deux éléments constituent le «noyau dur» de la culture qui favorise l'éclosion du sentiment d'appartenance au groupe canadien-français de l'Ontario. Le noyau dur de la culture groupe les éléments qui ne sont pas négociables dans une relation sociale d'acculturation. Il faut se rappeler que, pour une minorité,

> toute culture en effet, loin d'être un donné, est le résultat de négociations continuelles avec le monde extérieur, négociations à travers lesquelles s'affirme, comme un horizon, une identité qu'on ne peut définir que comme une création continue. La culture ne peut être conçue que comme condition et conséquence de l'action sociale et des interactions avec la société globale. (Schnapper, 1986: 151)

La mise sur pied d'institutions ethniques distinctes pour assurer la socialisation des Franco-Ontariens et favoriser les interactions à l'intérieur des frontières du groupe n'a pas empêché la culture franco-ontarienne de se modifier d'une génération à l'autre.

Proposition V

La déruralisation, l'industrialisation, la dispersion, la minorisation, la bilinguisation et l'exogamie forcent l'hermétisme social, fractionnent la communauté traditionnelle et font éclater le noyau dur de la culture canadienne-française de l'Ontario. Dans le processus irréversible de modernisation et de migrations internes qui accentuent le statut de minoritaire, la langue française est graduellement dissociée de la religion catholique, et cette nouvelle disposition amorce l'effritement du noyau culturel. La langue française, maintenant subordonnée à un référentiel plus important, la langue anglaise que nous devons posséder et maîtriser pour devenir bilingues, peut très difficilement être une valeur qui coalise les francophones.

La situation sociale de la plupart des Franco-Ontariens exige la connaissance de l'anglais pour survivre et profiter des avantages économiques de notre société. Là n'est pas le problème: c'est une règle sociale de la vie quotidienne en Ontario. Le problème découle du fait que le bilinguisme devient une norme qui oriente nos comportements, nos choix et nos stratégies de survivance collective et de mobilité individuelle.

Nous avons été obnubilés par le bilinguisme que nous devions instaurer au niveau institutionnel en plus de le pratiquer au niveau individuel. Les luttes pour obtenir des écoles de langue française ont toujours été faites au nom du bilinguisme, parce que nous ne voulions pas faire peur aux francophones qui craignaient que leur mobilité socio-économique soit limitée, et pour éviter le ressac des milieux anglophones. Nous expliquons et justifions presque toujours notre francité par le bilinguisme: je fréquente l'école française, mais j'apprends l'anglais; je suis francophone, mais je suis bilingue.

Dans le passé, la langue française en tant qu'élément d'identification était subordonnée à la religion catholique; aujourd'hui, elle est subordonnée à l'anglais, dans l'univers social du bilinguisme. Les Canadiens français catholiques sont devenus des francophones bilingues. De plus, l'ensemble des facteurs de modernisation fait qu'en Ontario le bilinguisme réunit le français, une langue coupée de la réalité quotidienne, folklorisée, banalisée, et une langue d'actualité, l'anglais, qui colle à notre modernité, mais qui structure, avec les institutions de la société globale, nos manières de faire, de penser et de sentir: ce sont les phénomènes d'intégration et d'acculturation. Dans la société traditionnelle, la religion confirmait et consolidait la différence ethnique, alors qu'aujourd'hui le bilinguisme introduit et favorise l'intégration à la société globale.

Proposition VI

La langue française constitue donc, depuis quelques décennies, le noyau central de la culture d'origine, l'élément essentiel de différenciation et d'identification, de telle sorte que le transfert linguistique remet en cause l'identité du Franco-Ontarien.

Nous voulons tabler sur la langue française pour développer une communauté viable, mais la négociation sociale avec l'ensemble de la société fait que cette langue se trouve dans une situation d'infériorité dans l'univers culturel des Franco-Ontariens; elle constitue essentiellement un outil de communication qui véhicule une culture qui s'apparente étrangement à celle de la majorité. Il y a là une contradiction qui n'échappe pas aux individus dans leurs actions de tous les jours. Ils réinterprètent la situation culturelle et constatent que le transfert linguistique ne remet pas en cause leur identité individuelle, parce que la francité ne représente pas une valeur de culture non négociable, mais plutôt un élément périphérique de l'identité individuelle, même s'il est au centre de l'identité collective des Franco-Ontariens. La langue française est donc devenue, à la suite des modifications irréversibles de l'espace démolinguistique, une composante affaiblie dans l'univers culturel franco-ontarien.

Nous nous sommes donné une tâche socialement impossible. Le contexte culturel et structurel que nous venons de décrire fait que la langue française, l'hypothèse la plus élémentaire de la communalisation des Franco-Ontariens, ne peut pas devenir un élément ethnoculturel profond qui assurera le développement d'un sentiment subjectif d'appartenance ethnique qui favoriserait la solidarité des francophones de l'Ontario pour qu'ils forment une communauté linguistique. Depuis le début de la colonisation française de l'Ontario, nous avons mis en place les principales structures pour soutenir le processus de socialisation, lieu primordial de l'ethnicité, mais maintenant le problème se situe au niveau du contenu, de la substance, de la culture. Durant les vingt dernières années, les mondes du travail, de l'économie et de la politique formaient le champ social central des institutions ethniques. Nous avons cru que ces développements devaient favoriser l'épanouissement de la minorité alors qu'ils participaient, jusqu'à un certain point, à l'intégration à la société globale. Après de longues luttes, nous pourrons probablement obtenir que le français devienne une langue officielle en Ontario, mais nous ne pouvons pas imposer politiquement des relations de communalisation et des sentiments subjectifs d'appartenance.

Le français, langue officielle, n'est pas un point d'arrivée, mais un point de départ. Le problème central de la société franco-ontarienne n'est ni politique ni économique. Aujourd'hui, c'est le processus culturel qui doit être au centre du développement de toute stratégie de survivance de la minorité franco-ontarienne, sans quoi notre plan de développement global risque de se désarticuler en même temps que s'effriterait la communauté. La dimension culturelle s'ajoute aux problèmes structurels des dernières décennies.

Proposition VII

Deux exemples d'un autre monde, simples mais éclairants, pourront illustrer ce concept de noyau dur de la culture et replacer cette problématique dans une situation sociale concrète. Comment demeurer Turc à Paris?

Je lui [l'enfant] parle de la Turquie, je lui raconte la vie là-bas, le régime alimentaire, pas de viande de porc, ni de viande de cheval, pas d'alcool. Je lui montre les habitudes turques. (Schnapper, 1986: 152)

Le processus social peut se résumer ainsi: les adultes affirment les différences ethniques et imposent à leurs enfants, surtout par le biais des valeurs religieuses, des conceptions du monde: rôles sexuels, règles alimentaires et habitudes propres aux Turcs. Ces valeurs conditionnent les comportements: choix des conjoints, pratiques alimentaires, tenues vestimentaires. Les jeunes connaissent les valeurs modernes françaises, mais les valeurs turques sont ressenties comme un poids que l'on peut difficilement ignorer.

L'autre exemple suppose une intégration à la vie sociale et économique de la société d'accueil, mais il maintient une vie privée ethnique restreinte à la sphère domestique qui laisse relativement intact le noyau culturel originel.

À l'intérieur de ma maison, nous sommes en Italie, [...] nous mangeons, nous agissons, nous parlons, nous crions comme en Italie. Dehors, je suis un bon Australien. (Schnapper, 1986: 157)

En reprenant les principaux éléments de ces deux situations, nous constatons que notre vie ethnique, dans la pratique, est relativement anonyme, sans caractère distinctif, à l'exception du fait que nous parlons français. Mais comment constituer un groupe?... et nous voilà revenus à la problématique initiale.

La consolidation du réseau d'institutions propre aux Franco-Ontariens doit demeurer un objectif primordial, mais il faut en même temps interroger le processus de socialisation ethnique à l'intérieur de ces institutions, parce qu'il se peut que ce processus conduise inconsciemment à l'intégration à la société globale plutôt qu'à l'affirmation de la francité. Les institutions sociales structurent des manières de faire, de sentir et de penser. Est-ce que ces manières seront distinctes et contraignantes?

Les perspectives d'avenir ne sont pas reluisantes. Les individus sont de plus en plus marqués par les nouvelles valeurs d'actualisation de soi, de matérialisme, d'individualisme, de dégagement politique et ethnique, c'est-à-dire des valeurs, centrées sur le rapport à l'environnement et au corps, qui entrent en contradiction avec certains aspects du développement d'une communauté franco-ontarienne.

Les responsables des institutions ethniques de socialisation devront trouver les dispositions pour concilier les intérêts individuels et collectifs divergents.

ANNEXES

PROVINCE DE L'ONTARIO

Tableau 1A

Répartition de la population des cinq régions de l'Ontario selon la langue maternelle, 1981

Régions	Population totale	Langues maternelles			(%) de langue mater. franç.
		Anglaise	Française	Autres	
Nord-Ouest	236 205	179 730	9 930	46 545	4,2
Nord-Est	583 340	377 635	151 805	53 900	26,0
Est	1 185 245	913 860	184 230	87 155	15,5
Sud (Centre)	5 347 450	4 119 570	94 290	1 133 590	1,8
Sud-Ouest	1 272 825	1 087 940	35 340	149 545	2,8
Total	8 625 065	6 678 735	475 595	1 470 735	5,5

Source: Statistique Canada, Recensement du Canada de 1981, cat. 95-902, tableau 1, p. 42-61.

Région du Nord-Ouest

Divisions de recensement	nº
Kenora	1
Thunder Bay	2
Rainy River	3

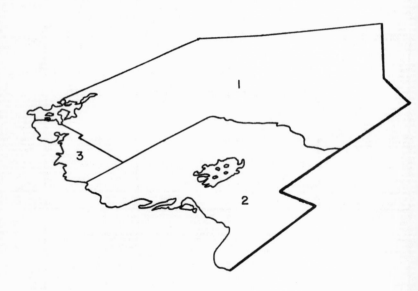

Tableau 2A

Répartition de la population de la région du Nord-Ouest de l'Ontario selon la langue maternelle, 1981

Régions	Population totale	Langues maternelles			(%) de langue mater. franç.
		Anglaise	Française	Autres	
Kenora	59 420	43 750	1 960	13 710	3,3
Rainy River	22 795	19 170	645	2 980	2,8
Thunder Bay	153 990	116 810	7 325	29 855	4,8
Total	236 205	179 730	9 930	46 545	4,2

Source: Statistique Canada, Recensement du Canada de 1981, cat. 95-902, tableau 1, p. 42-61.

Région du Nord-Est

Divisions de recensement	nᵒ
Algoma	1
Manitoulin	2
Sudbury	3
Parry Sound	4
Nipissing	5
Timiskaming	6
Cochrane	7

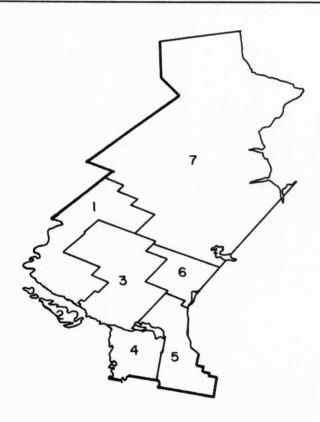

Tableau 3A

Répartition de la population de la région du Nord-Est de l'Ontario selon la langue maternelle, 1981

Régions	Population totale	Langues maternelles			(%) de langue mater. franç.
		Anglaise	Française	Autres	
Algoma	133 545	103 475	13 355	16 715	10,0
Manitoulin	11 005	9 500	80	1 425	0,7
Sudbury	186 840	109 740	56 970	20 130	30,5
Parry Sound	33 530	31 030	830	1 670	2,5
Nipissing	80 260	53 340	23 205	3 715	28,9
Timiskaming	41 285	28 105	10 905	2 275	26,4
Cochrane	96 875	42 445	46 460	7 970	48,0
Total	583 340	377 635	151 805	53 900	26,0

Source: Statistique Canada, Recensement du Canada de 1981, cat. 95-902, tableau 1, p. 42-61.

Région de l'Est

Divisions de recensement	nᵒ		nᵒ
Prince Edward	1	Stormont	8
Hastings	2	Glengarry	9
Lennox-Addington	3	Prescott	10
Frontenac	4	Russell	11
Leeds	5	Ottawa-Carleton	12
Grenville	6	Lanark	13
Dundas	7	Renfrew	14

Tableau 4A

Répartition de la population de la région de l'Est de l'Ontario selon la langue maternelle, 1981

Régions	Population totale	Langues maternelles			(%) de langue mater. franç.
		Anglaise	Française	Autres	
Prince Edward	22 335	21 325	165	845	0,7
Hastings	106 880	100 490	2 015	4 375	1,9
Lennox-Addington	33 040	31 610	385	1 045	1,2
Frontenac	108 135	97 555	2 605	7 975	2,4
Leeds	53 770	50 710	900	2 160	1,7
Grenville	27 175	24 780	810	1 585	3,0
Dundas	18 940	17 260	680	1 000	3,6
Stormont	61 925	41 010	18 615	2 300	30,1
Glengarry	20 255	11 645	7 805	805	38,5
Prescott	30 370	6 425	23 275	670	76,6
Russell	22 415	5 195	16 760	460	74,8
Ottawa-Carleton	546 845	385 100	104 955	56 790	19,2
Lanark	45 680	43 500	990	1 190	2,2
Renfrew	87 480	77 255	4 270	5 955	4,9
Total	1 185 245	913 860	184 230	87 155	15,5

Source: Statistique Canada, Recensement du Canada de 1981, cat. 95-902, tableau 1, p. 42-61.

Région du Sud (Centre)

Divisions de recensement	nᵒ		nᵒ
Muskoka	1	Wellington	10
Haliburton	2	Peel	11
Simcoe	3	Toronto	12
Victoria	4	Waterloo	13
Peterborough	5	Halton	14
Dufferin	6	Hamilton-Wentworth	15
York	7	Brant	16
Durham	8	Niagara	17
Northumberland	9	Haldimand-Norfolk	18

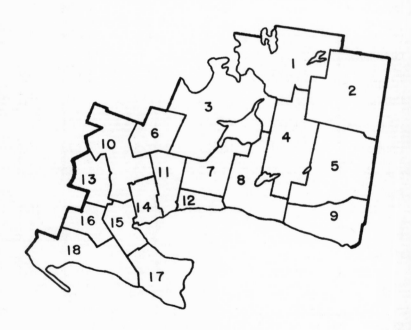

Tableau 5A

Répartition de la population de la région du Sud (Centre) de l'Ontario selon la langue maternelle, 1981

| Régions | Population totale | Langues maternelles | | | (%) de langue mater. franç. |
		Anglaise	Française	Autres	
Muskoka	38 365	36 050	465	1 850	1,2
Haliburton	11 360	10 880	105	375	0,9
Simcoe	225 070	200 980	7 990	16 100	3,5
Victoria	47 855	45 540	350	1 965	0,7
Peter-borough	102 455	97 290	790	4 375	0,8
Dufferin	31 140	28 855	270	2 015	0,9
York	252 055	208 530	2 800	40 725	1,1
Durham	283 635	249 790	4 930	28 915	1,7
Northum-berland	64 970	61 175	640	3 155	1,0
Wellington	129 425	112 955	1 225	15 245	0,9
Peel	490 735	381 575	8 295	100 865	1,7
Toronto métro-politain	2 137 390	1 447 150	32 115	658 125	1,5
Waterloo	305 500	244 285	4 400	56 815	1,4
Halton	253 885	217 810	4 735	31 340	1,9
Hamilton-Wentworth	411 440	319 075	6 930	85 435	1,7
Brant	104 425	91 480	1 180	11 765	1,1
Niagara	368 290	289 125	15 775	63 390	4,3
Haldimand-Norfolk	89 455	77 025	1 295	11 135	1,4
Total	5 347 450	4 119 570	94 290	1 133 590	1,8

Source: Statistique Canada, Recensement du Canada de 1981,
cat. 95-902, tableau 1, p. 42-61.

Région du Sud-Ouest

Divisions de recensements	nᵒ		nᵒ
Bruce	1	Middlesex	6
Grey	2	Oxford	7
Huron	3	Kent	8
Perth	4	Elgin	9
Lambton	5	Essex	10

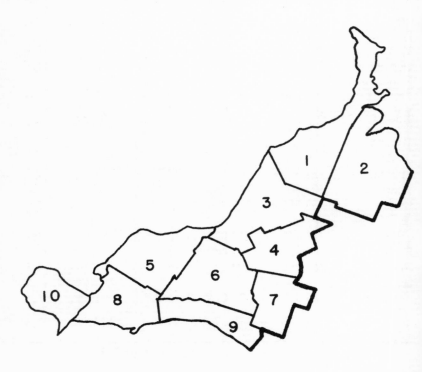

Tableau 6A

Répartition de la population de la région du Sud-Ouest de l'Ontario selon la langue maternelle, 1981

Régions	Population totale	Langues maternelles			(%) de langue mater. franç.
		Anglaise	Française	Autres	
Bruce	60 020	56 310	865	2 845	1,4
Grey	73 825	69 310	325	4 190	0,4
Huron	56 125	52 175	420	3 530	0,7
Perth	66 100	59 865	320	5 915	0,5
Lambton	123 450	109 410	3 370	10 670	2,7
Middlesex	318 180	276 005	3 560	38 615	1,1
Oxford	85 920	75 805	875	9 240	1,0
Kent	107 020	92 715	4 820	9 485	4,5
Elgin	69 705	60 420	765	♭ 520	1,1
Essex	312 480	235 925	20 020	56 535	6,4
Total	1 272 825	1 087 940	35 340	149 545	2,8

Source: Statistique Canada, Recensement du Canada de 1981,
cat. 95-902, tableau 1, p. 42-61.

Tableau 7A

Population d'origine ethnique française et de langue maternelle française selon la langue usuelle française et la langue usuelle anglaise, Ontario, 1981

| Régions | Origine ethnique française | Langue maternelle française | | | Taux d'angli-cisation |
| | | Total | Langues d'usage | | |
			Anglais	Français	
Nord-Ouest	18 290	9 810	4 795	5 005	48,9
Nord-Est	173 475	149 625	34 340	115 185	23,0
Est	212 195	181 365	41 345	139 550	22,8
Sud (Centre)	166 635	91 975	56 205	34 665	61,1
Sud-Ouest	82 290	35 110	22 040	12 900	62,8
Total	652 885	467 885	158 725	307 305	33,9

Source: Statistique Canada, Recensement du Canada de 1981, cat. 95-942, tableau 1, p. 130-189.

Tableau 8A

Population d'origine ethnique française et de langue maternelle française selon la langue usuelle française et la langue usuelle anglaise, région du Nord-Ouest de l'Ontario, 1981

Régions	Origine ethnique française	Langue maternelle française			Taux d'angli-cisation
		Total	Langues d'usage		
			Anglais	Français	
Kenora	4 105	1 825	1 175	650	64,4
Rainy River	1 480	590	430	160	72,9
Thunder Bay	12 705	7 395	3 190	4 195	43,1
Total	18 290	9 810	4 795	5 005	48,9

Source: Statistique Canada, Recensement du Canada de 1981, cat. 95-942, tableau 1, p. 130-189.

Tableau 9A

Population d'origine ethnique française et de langue maternelle française selon la langue usuelle française et la langue usuelle anglaise, région du Nord-Est de l'Ontario, 1981

Régions	Origine ethnique française	Langue maternelle française			Taux d'angli- cisation
		Total	Langues d'usage		
			Anglais	Français	
Algoma	20 200	13 430	5 075	8 345	37,8
Manitoulin	255	40	30	10	75,0
Sudbury	65 415	56 625	14 505	42 075	25,6
Parry Sound	1 750	715	560	160	78,3
Nipissing	26 135	22 830	5 265	17 560	23,1
Timiskaming	12 385	10 850	2 435	8 400	22,4
Cochrane	47 335	45 135	6 470	38 635	14,3
Total	173 475	149 625	34 340	115 185	23,0

Source: Statistique Canada, Recensement du Canada de 1981, cat. 95-942, tableau 1, p. 130-189.

Tableau 10A

Population d'origine ethnique française et de langue maternelle française selon la langue usuelle française et la langue usuelle anglaise, région de l'Est de l'Ontario, 1981

| Régions | Origine ethnique française | Langue maternelle française | | | Taux d'anglicisation |
| | | Total | Langues d'usage | | |
			Anglais	Français	
Prince Edward	445	130	90	40	69,2
Hastings	5 330	1 935	1 185	750	61,2
Lennox-Addington	1 210	305	245	55	80,3
Frontenac	4 820	2 490	1 370	1 115	55,0
Leeds	2 315	720	525	195	72,9
Grenville	1 655	775	495	275	63,9
Dundas	1 125	585	295	295	50,4
Stormont	22 940	18 365	5 395	12 975	29,4
Glengarry	8 630	7 665	1 405	6 260	18,3
Prescott	22 775	22 905	1 045	21 860	4,6
Russell	16 295	16 175	850	15 325	5,3
Ottawa-Carleton	113 080	104 120	25 140	78 515	24,1
Lanark	2 115	975	690	285	70,8
Renfrew	9 460	4 220	2 615	1 605	62,0
Total	212 195	181 365	41 345	139 550	22,8

Source: Statistique Canada, Recensement du Canada de 1981, cat. 95-942, tableau 1, p. 130-189.

Tableau 11A

Population d'origine ethnique française et de langue
maternelle française selon la langue
usuelle française et la langue usuelle anglaise, région du
Sud de l'Ontario, 1981

| Régions | Origine ethnique française | Langue maternelle française | | | Taux d'angli-cisation |
		Total	Anglais	Français	
Muskoka	1 335	480	370	115	77,1
Haliburton	275	110	70	35	63,6
Simcoe	15 500	7 690	4 315	3 340	56,1
Victoria	1 125	335	220	115	65,7
Peterborough	2 870	845	715	135	84,6
Dufferin	625	315	245	70	77,8
York	4 990	2 645	1 850	755	69,9
Durham	9 770	4 860	3 110	1 730	64,0
Northumber-land	1 710	640	540	100	84,4
Wellington	2 355	1 140	865	250	75,9
Peel	14 895	8 100	5 450	2 525	67,3
Toronto	51 035	31 260	19 645	10 920	62,8
Waterloo	9 420	4 265	2 760	1 485	64,7
Halton	8 595	4 860	2 890	1 920	59,5
Hamilton-Wentworth	13 760	6 515	4 010	2 470	61,6
Brant	2 735	1 305	920	375	70,5
Niagara	23 640	15 380	7 430	7 930	48,3
Haldimand-Norfolk	2 000	1 230	800	395	65,0
Total	166 635	91 975	56 205	34 665	61,1

Source: Statistique Canada, Recensement du Canada de 1981,
cat. 95-942, tableau 1, p. 130-189.

Tableau 12A

**Population d'origine ethnique française et de langue
maternelle française selon la langue
usuelle française et la langue usuelle anglaise, région du
Sud-Ouest de l'Ontario, 1981**

| Régions | Origine ethnique française | Langue maternelle française | | | Taux d'anglicisation |
| | | Total | Langues d'usage | | |
			Anglais	Français	
Bruce	1 915	855	420	435	49,1
Grey	1 170	290	255	35	87,9
Huron	1 385	430	335	95	77,9
Perth	1 085	360	285	80	79,2
Lambton	6 915	3 360	2 130	1 220	63,4
Middlesex	8 515	3 515	2 710	760	77,1
Oxford	1 865	975	590	385	60,5
Kent	10 260	4 910	2 960	1 910	60,3
Elgin	1 675	790	585	205	74,1
Essex	47 505	19 625	11 770	7 775	60,0
Total	82 290	35 110	22 040	12 900	62,8

Source: Statistique Canada, Recensement du Canada de 1981,
cat. 95-942, tableau 1, p. 130-189.

Tableau 13A

Répartition géographique de la population ontarienne de langue maternelle française, 1971

Régions	Population totale	Population de langue maternelle française	Concentration française /pop. totale	Concentration française /Ontario français
Nord-Est	419 275	149 850	35,7	31,1
Nord-Ouest	387 480	22 855	5,9	4,7
Est (Sud-Est)	595 830	162 980	27,4	33,8
Sud (Intérieur)	6 300 520	146 360	2,3	30,4
Total	7 703 105	482 045	6,3	

Source: Les données du recensement du Canada de 1971 telles que présentées dans Lachapelle et Henripin, 1980: 331 et 375.

Divisions de recensement des régions de l'Ontario en 1971

Nord-Est:	Cochrane, Nipissing, Sudbury, Timiskaming
Sud-Est: (Est)	Glengarry, Ottawa-Carleton, Prescott, Russell, Stormont
Nord-Ouest:	Algoma, Kenora, Manitoulin, Parry Sound, Rainy River, Thunder Bay
Intérieur: (Sud/Sud-Ouest)	Brant, Bruce, Dufferin, Dundas, Durham, Elgin, Essex, Frontenac, Grenville, Grey, Haldimand, Haliburton, Halton, Hastings, Huron, Kent, Lambton, Lanark, Leeds, Lennox-Addington, Middlesex, Muskoka, Niagara, Norfolk, Northumberland, Ontario, Oxford, Peel, Perth, Peterborough, Prince Edward, Renfrew, Simcoe, Toronto, Victoria, Waterloo, Wellington, Wentworth, York.

Tableau 14A

Répartition géographique de la population ontarienne de langue maternelle française, 1961

Régions	Population totale	Population de langue maternelle française	Concentration française /pop. totale	Concentration française /Ontario français
Nord-Est	383 067	138 112	36,1	32,5
Nord-Ouest	368 739	23 784	6,5	5,6
Est (Sud-Est)	478 134	149 937	31,4	35,3
Sud (Intérieur)	5 006 152	113 469	2,7	26,7
Total	6 236 092	425 302	6,8	

Source: Les données du recensement du Canada de 1961 telles que présentées dans Lachapelle et Henripin, 1980: 331 et 374.

Divisions de recensement des régions de l'Ontario en 1971

Nord-Est: Cochrane, Nipissing, Sudbury, Timiskaming

Sud-Est: Glengarry, Ottawa-Carleton, Prescott, Russell,
(Est) Stormont

Nord-Ouest: Algoma, Kenora, Manitoulin, Parry Sound, Rainy River, Thunder Bay

Intérieur: Brant, Bruce, Dufferin, Dundas, Durham,
(Sud/Sud- Elgin, Essex, Frontenac, Grenville, Grey,
Ouest) Haldimand, Haliburton, Halton, Hastings, Huron, Kent, Lambton, Lanark, Leeds, Lennox-Addington, Middlesex, Muskoka, Niagara, Norfolk, Northumberland, Ontario, Oxford, Peel, Perth, Peterborough, Prince Edward, Renfrew, Simcoe, Toronto, Victoria, Waterloo, Wellington, Wentworth, York.

Tableau 15A

Répartition géographique de la population ontarienne de langue maternelle française, 1951

Régions	Population totale	Population de langue maternelle française	Concentration française /pop. totale	Concentration française /Ontario français
Nord-Est	293 973	110 421	37,6	32,3
Nord-Ouest	269 792	15 739	5,8	4,6
Est (Sud-Est)	351 649	125 567	35,7	36,8
Sud (Intérieur)	3 682 128	89 775	2,4	26,3
Total	4 597 542	341 502	7,4	

Source: Les données du recensement du Canada de 1951 telles que présentées dans Lachapelle et Henripin, 1980: 331 et 373.

Divisions de recensement des régions de l'Ontario en 1971

Nord-Est: Cochrane, Nipissing, Sudbury, Timiskaming

Sud-Est: Glengarry, Ottawa-Carleton, Prescott, Russell,
(Est)   Stormont

Nord-Ouest: Algoma, Kenora, Manitoulin, Parry Sound,
             Rainy River, Thunder Bay

Intérieur: Brant, Bruce, Dufferin, Dundas, Durham,
(Sud/Sud-   Elgin, Essex, Frontenac, Grenville, Grey,
Ouest)   Haldimand, Haliburton, Halton, Hastings,
             Huron, Kent, Lambton, Lanark, Leeds, Lennox-
             Addington, Middlesex, Muskoka, Niagara,
             Norfolk, Northumberland, Ontario, Oxford,
             Peel, Perth, Peterborough, Prince Edward,
             Renfrew, Simcoe, Toronto, Victoria, Waterloo,
             Wellington, Wentworth, York.

Tableau 16A

Répartition géographique de la population ontarienne de langue maternelle française, 1941

Régions	Population totale	Population de langue maternelle française	Concentration française /pop. totale	Concentration française /Ontario français
Nord-Est	255 464	92 666	36,3	32,0
Nord-Ouest	230 630	13 703	5,9	4,7
Est (Sud-Est)	304 866	115 200	37,8	39,8
Sud (Intérieur)	2 996 695	67 577	2,3	23,4
Total	3 787 655	289 146	7,6	

Source: Les données du recensement du Canada de 1941 telles que
        présentées dans Lachapelle et Henripin, 1980: 331 et 372.

Divisions de recensement des régions de l'Ontario en 1971

Nord-Est:	Cochrane, Nipissing, Sudbury, Timiskaming
Sud-Est: **(Est)**	Glengarry, Ottawa-Carleton, Prescott, Russell, Stormont
Nord-Ouest:	Algoma, Kenora, Manitoulin, Parry Sound, Rainy River, Thunder Bay
Intérieur: **(Sud/Sud-Ouest)**	Brant, Bruce, Dufferin, Dundas, Durham, Elgin, Essex, Frontenac, Grenville, Grey, Haldimand, Haliburton, Halton, Hastings, Huron, Kent, Lambton, Lanark, Leeds, Lennox-Addington, Middlesex, Muskoka, Niagara, Norfolk, Northumberland, Ontario, Oxford, Peel, Perth, Peterborough, Prince Edward, Renfrew, Simcoe, Toronto, Victoria, Waterloo, Wellington, Wentworth, York.

Tableau 17A

Population du Nord-Est de l'Ontario selon la langue maternelle, de 1941 à 1976

| Années | Langues maternelles | | | Population totale |
	Française	Anglaise	Autres	
1941	92 666	120 790	42 0u8	255 464
%	36,3	47,3	16,4	100%
1951	110 421	145 563	37 989	293 973
%	37,6	49,5	12,9	100%
1961	138 112	193 212	51 743	383 067
%	36,1	50,4	13,5	100%
1971	149 850	227 425	42 000	419 275
%	35,7	54,2	10,1	100%
1976	143 850	238 470	34 995	417 315
%	34,5	57,1	8,4	100%

Source: Les données du recensement du Canada de 1941 à 1976 telles que présentées dans Lachapelle et Henripin, 1980: 372-376.
Divisions de recensement du Nord-Est de l'Ontario en 1971 Cochrane, Nipissing, Sudbury, Timiskaming.

Tableau 18A

Population du Nord-Ouest de l'Ontario selon la langue maternelle, de 1941 à 1976

| Années | Langues maternelles | | | Population totale |
	Française	Anglaise	Autres	
1941	13 703	148 495	68 432	230 630
%	5,9	64,4	29,7	100%
1951	15 739	185 154	68 899	269 792
%	5,8	68,6	25,5	100%
1961	23 784	253 900	91 055	368 739
%	6,4	68,9	24,7	100%
1971	22 855	286 735	77 890	387 480
%	5,9	74,0	20,1	100%
1976	20 965	308 670	70 180	399 815
%	5,2	77,2	17,6	100%

Source: Les données du recensement du Canada de 1941 à 1976 telles que présentées dans Lachapelle et Henripin, 1980: 372-376.

Divisions de recensement du Nord-Ouest de l'Ontario en 1971

Algoma, Kenora, Manitoulin, Parry Sound, Rainy River, Thunder Bay.

Tableau 19A

Population de l'Est de l'Ontario selon la langue maternelle, de 1941 à 1976

| Années | Langues maternelles | | | Population totale |
	Française	Anglaise	Autres	
1941	115 200	178 905	10 761	304 866
%	37,8	58,7	3,5	100%
1951	125 567	215 548	10 534	351 649
%	35,7	61,3	3,0	100%
1961	149 937	296 601	31 596	478 134
%	31,4	62,0	6,6	100%
1971	162 980	389 705	43 145	595 830
%	27,4	65,4	7,2	100%
1976	166 785	430 085	52 945	649 815
%	25,7	66,2	8,1	100%

Source: Les données du recensement du Canada de 1941 à 1976 telles que présentées dans Lachapelle et Henripin, 1980: 372-376.

Divisions de recensement de l'Est de l'Ontario en 1971
Glengarry, Ottawa-Carleton, Prescott, Russell, Stormont.

Tableau 20A

**Population du Sud de l'Ontario selon
la langue maternelle, de 1941 à 1976**

| Années | Langues maternelles | | | Population totale |
	Française	Anglaise	Autres	
1941	67 577	2 625 130	303 988	2 996 695
%	2,3	87,6	10,1	100%
1951	89 775	3 209 177	383 176	3 682 128
%	2,4	87,2	10,4	100%
1961	113 469	4 090 910	801 773	5 006 152
%	2,3	81,7	16,0	100%
1971	146 360	5 067 705	1 086 455	6 300 520
%	2,3	80,4	17,3	100%
1976	135 940	5 490 605	1 170 985	6 797 530
%	2,0	80,8	17,2	100%

Source: Les données du recensement du Canada de 1941 à 1976 telles
que présentées dans Lachapelle et Henripin, 1980: 372-376.

Divisions de recensement du Sud de l'Ontario en 1971
Brant, Bruce, Dufferin, Dundas, Durham, Elgin, Essex,
Frontenac, Grenville, Grey, Haldimand, Haliburton, Halton,
Hastings, Huron, Kent, Lambton, Lanark, Leeds, Lennox-
Addington, Middlesex, Muskoka, Niagara, Norfolk,
Northumberland, Ontario, Oxford, Peel, Perth, Peterborough,
Prince Edward, Renfrew, Simcoe, Toronto, Victoria, Waterloo,
Wellington, Wentworth, York.

Tableau 21A

Population du Nord-Ouest de l'Ontario selon l'origine ethnique, de 1871 à 1971

Années	Origines ethniques			Population totale
	Française	Britannique	Autres	
1871	1 164	3 286	4 127	8 577
%	13,6	38,3	48,1	100%
1901	6 681	62 469	20 283	89 433
%	7,5	69,8	22,7	100%
1931	16 000	104 558	66 943	187 501
%	8,5	55,8	35,7	100%
1941	25 181	122 146	83 303	230 630
%	10,9	53,0	36,1	100%
1951	28 371	137 047	104 374	269 792
%	10,5	50,8	38,7	100%
1961	45 347	167 739	155 653	368 739
%	12,3	45,5	42,2	100%
1971	44 950	184 095	158 440	387 485
%	11,6	47,5	40,9	100%

Source: Les données du recensement du Canada de 1871 à 1971 telles que présentées dans Lachapelle et Henripin, 1980: 364-370.

Divisions de recensement du Nord-Ouest de l'Ontario en 1971

Algoma, Kenora, Manitoulin, Parry Sound, Rainy River, Thunder Bay.

Tableau 22A

Population du Nord-Est de l'Ontario selon l'origine ethnique, de 1871 à 1971

| | Origines ethniques | | | Population totale |
Années	Française	Britannique	Autres	
1871	358	731	702	1 791
%	20,0	40,8	39,2	100%
1901	14 921	15 024	5 115	35 060
%	42,6	42,8	14,6	100%
1931	73 899	76 816	43 819	194 534
%	38,0	39,5	22,5	100%
1941	97 360	104 314	53 790	255 464
%	38,1	40,8	21,1	100%
1951	122 160	112 909	58 904	293 973
%	41,6	38,4	20,0	100%
1961	159 098	135 645	88 324	383 067
%	41,5	35,4	23,1	100%
1971	173 395	160 150	85 725	419 270
%	41,4	38,2	20,4	100%

Source: Les données du recensement du Canada de 1871 à 1971 telles que présentées dans Lachapelle et Henripin, 1980: 364-370.

Divisions de recensement du Nord-Est de l'Ontario en 1971 Cochrane, Nipissing, Sudbury, Timiskaming.

Tableau 23A

Population de l'Est de l'Ontario selon l'origine ethnique, de 1871 à 1971

| Années | Origines ethniques | | | Population totale |
	Française	Britannique	Autres	
1871	28 074	84 517	6 195	118 786
%	23,6	71,2	5,2	100%
1901	72 544	109 648	13 446	195 638
%	37,1	56,0	6,9	100%
1931	104 501	141 595	18 217	264 313
%	39,5	53,6	6,9	100%
1941	124 184	160 201	20 481	304 866
%	40,7	52,6	6,7	100%
1951	140 336	180 015	31 298	351 649
%	39,9	51,2	8,9	100%
1961	171 769	231 262	75 103	478 134
%	35,9	48,4	15,7	100%
1971	190 695	307 030	98 120	595 845
%	32,0	51,5	16,5	100%

Source: Les données du recensement du Canada de 1871 à 1971 telles
que présentées dans Lachapelle et Henripin, 1980: 364-370.
Divisions de recensement de l'Est de l'Ontario en 1971
Glengarry, Ottawa-Carleton, Prescott, Russell, Stormont.

Tableau 24A

**Population du Sud de l'Ontario selon
l'origine ethnique, de 1871 à 1971**

| Années | Origines ethniques | | | Population totale |
	Française	Britannique	Autres	
1871	45 787	1 244 508	201 402	1 491 697
%	3,1	83,4	13,5	100%
1901	64 525	1 545 003	253 288	1 862 816
%	3,5	82,9	13,6	100%
1931	105 332	2 216 802	463 201	2 785 335
%	3,8	79,6	16,6	100%
1941	127 265	2 343 169	526 261	2 996 695
%	4,2	78,2	17,6	100%
1951	186 810	2 651 948	843 370	3 682 128
%	5,1	72,0	22,9	100%
1961	271 727	3 176 890	1 557 535	5 006 152
%	5,4	63,5	31,1	100%
1971	328 320	3 924 735	2 047 450	6 300 505
%	5,2	62,3	32,5	100%

Source: Les données du recensement du Canada de 1871 à 1971 telles
que présentées dans Lachapelle et Henripin, 1980: 364-370.

Divisions de recensement du Sud de l'Ontario en 1971
Brant, Bruce, Dufferin, Dundas, Durham, Elgin, Essex,
Frontenac, Grenville, Grey, Haldimand, Haliburton, Halton,
Hastings, Huron, Kent, Lambton, Lanark, Leeds, Lennox-
Addington, Middlesex, Muskoka, Niagara, Norfolk,
Northumberland, Ontario, Oxford, Peel, Perth, Peterborough,
Prince Edward, Renfrew, Simcoe, Toronto, Victoria, Waterloo,
Wellington, Wentworth, York.

Tableau 25A

**Population de l'Ontario selon
l'origine ethnique, de 1871 à 1981**

| Années | Origines ethniques | | | Population totale |
	Française	Britannique	Autres	
1871	75 383	1 333 042	212 426	1 620 851
%	4,7	82,2	13,1	100%
1901	158 671	1 732 144	292 132	2 182 947
%	7,3	79,3	13,4	100%
1931	299 732	2 539 771	592 180	3 431 683
%	8,7	74,0	17,3	100%
1941	373 990	2 729 830	683 835	3 787 655
%	9,9	72,1	18,0	100%
1951	477 677	3 081 919	1 037 946	4 597 542
%	10,4	67,0	22,6	100%
1961	647 941	3 711 536	1 876 615	6 236 092
%	10,4	59,5	30,1	100%
1971	737 360	4 576 010	2 389 735	7 703 105
%	9,6	59,4	31,0	100%
1981	652 900	4 487 800	2 610 915	7 751 615
%	8,4	57,9	33,7	100%

Sources: Les données du recensement du Canada de 1871 à 1971 telles
que présentées dans Lachapelle et Henripin, 1980: 364-370.
Statistique Canada, Recensement du Canada de 1981,
cat. 95-942, tableau 1, p. 122 (origine unique).

Tableau 3-1

Bilan migratoire de la région du Nord-Est de l'Ontario avec diverses régions du Canada, par langue maternelle, 1966-1971 et 1971-1976

Lustre et langue maternelle	Ensemble du Canada	Sud-Est Ontario	Autres Ontario	Provinces atlantiques	Québec	Reste du Canada
1966-1971						
Anglais	- 2 000	- 1 000	- 1 700	+ 1 200	+ 1 400	- 1 900
Français	+ 2 400	- 500	- 1 100	+ 200	+ 4 200	- 400
Autres	- 1 100	- 100	- 1 100	0	+ 300	- 200
Total	- 700	- 1 600	- 3 900	+ 1 400	+ 5 900	- 2 500
1971-1976						
Anglais	- 14 900	- 1 300	- 8 000	- 1 400	+ 300	- 4 500
Français	- 5 500	- 1 200	- 1 600	- 200	- 1 800	- 700
Autres	- 1 800	- 100	- 1 300	0	0	- 400
Total	- 22 200	- 2 600	- 10 900	- 1 600	- 1 500	- 5 600

Source: Les estimations de Lachapelle et Henripin (1980: 233) ont été réalisées à l'aide des résultats obtenus par Leroy O. Stone à partir des tabulations spéciales des recensements de Statistique Canada.

Tableau 3-2

Bilan migratoire de la région du Sud-Est (Est) de l'Ontario avec diverses régions du Canada, par langue maternelle, 1966-1971 et 1971-1976

Lustre et langue maternelle	Ensemble du Canada	Nord-Est Ontario	Autres Ontario	Outaouais	Autres Québec	Atlantique	Reste du Canada
1966-1971							
Anglais	+ 20 700	+ 1 000	+ 4 600	+ 600	+ 8 600	+ 4 200	+ 1 700
Français	+ 1 300	+ 500	+ 100	- 2 700	+ 3 100	+ 100	+ 200
Autres	+ 1 800	+ 100	+ 400	- 100	+ 1 200	+ 100	+ 100
Total	+ 23 800	+ 1 600	- 5 100	- 2 200	+ 12 900	+ 4 400	+ 2 000
1971-1976							
Anglais	+ 10 100	+ 1 300	+ 3 500	- 700	+ 8 700	+ 1 600	- 4 300
Français	+ 1 200	+ 1 200	+ 900	- 3 400	+ 2 700	+ 100	- 300
Autres	+ 1 400	+ 100	+ 500	- 200	+ 1 000	+ 100	- 100
Total	+ 12 700	+ 2 600	+ 4 900	- 4 300	+ 12 400	+ 1 800	- 4 700

Source: Les estimations de Lachapelle et Henripin (1980: 232) ont été réalisées à l'aide des résultats obtenus par Leroy O. Stone à partir des tabulations spéciales des recensements de Statistique Canada.

Tableau 3-3
Bilan migratoire de la région de Montréal
avec l'Ontario selon la langue maternelle,
1966-1971 et 1971-1976

Langue maternelle	1966-1971	1971-1976
Anglais	- 27 700	- 26 500
Français	- 2 700	- 700
Autres	- 5 800	- 3 500
Total	- 36 200	- 30 700

Source: Les estimations de Lachapelle et Henripin (1980: 235) ont été réalisées à l'aide des résultats obtenus par Leroy O. Stone à partir des tabulations spéciales des recensements de Statistique Canada.

Tableau 3-4

Population totale des villes de Cochrane, Hearst, Kapuskasing et de la division de recensement de Cochrane de 1921 à 1981

Région	1921	1931	1941	1951	1961	1971	1981
Cochrane	2 655	3 963	2 844	3 401	4 521	4 965	4 848
Hearst	-	751	955	1 723	2 373	3 501	5 533
Kapuskasing	926	3 819	3 431	4 687	6 870	12 834	12 014
Cochrane Division de recensement	26 293	58 003	80 730	83 850	95 666	95 836	96 875

Sources: **Recensement du Canada de 1971**, Statistique Canada, Catalogue 92-702, Vol. 1, partie 1; Bernard, 1978: 26; **Recensement du Canada de 1981**, Statistique Canada.

Tableau 4-1

Répartition de la population de langue maternelle française
et de la population générale de l'Ontario (population active
expérimentée de 15 ans et plus), selon la profession, 1971
(pourcentage)

Professions	Ontario	
	L.M.F.	Province
Dir. admin. & prof. connexes	3,2	4,7
Professionnel et semi-professionnel	7,4	9,0
Religion	0,3	0,2
Médecine et santé	2,6	3,7
Travail admin. & connexes	14,7	17,6
Commerces et services	19,5	20,2
Exploitation matières premières	7,4	5,2
Traitement matières premières	32,9	29,5
Activités non classées	2,2	2,3
Professions non déclarées	9,9	7,7
Nombre total:	199 385	3 354 360

Source: F.F.H.Q., Vol. 1, 1977: 41.

Tableau 4-2
Répartition de la population de langue maternelle
française et de la population non francophone
(population active expérimentée de 15 ans et plus)
selon les divisions d'activité économique, Ontario,
1981

Activités économiques	Francophones		Non-francophones	
	N	%	N	%
Agriculture	6 410	2,7	135 390	3,2
Forêts	3 115	1,3	11 300	0,3
Chasse et pêche	25	0,01	2 435	0,1
Mines, carrières	9 705	4,0	33 425	0,8
Ind. manufacturières	44 595	18,6	1 010 970	24,2
Construction	15 265	6,4	234 325	5,6
Transport et communication	17 535	7,3	301 565	7,2
Commerce	35 515	14,8	708 145	17,0
Finances, assurances	10 585	4,4	249 980	6,0
Services (socio-culturels, commerciaux et personnels)	67 135	28,0	1 211 010	29,0
Administration publique	30 050	12,5	275 280	6,6
Total:	239 935	100	4 173 825	100

Source: Le tableau a été construit à partir des données de Guindon *et al.*,
1985: 15.

Tableau 4-3
Pourcentage de la population de langue maternelle française
et de la population non francophone (population active expérimentée
de 15 ans et plus) dans chaque secteur d'activité économique, Ontario, 1981

Activités économiques	Main-d'oeuvre globale	Francophones		Non-francophones		Sur ou sous-représentation francophone
		N	%	N	%	
Agriculture	141 800	6 410	4,5	135 390	95,5	-0,9
Forêts	14 415	3 115	21,6	11 300	78,4	+16,2
Chasse et pêche	2 460	25	1,0	2 435	99,0	-4,4
Mines, carrières	43 130	9 705	22,5	33 425	77,5	+17,1
Ind. manufacturières	1 055 565	44 595	4,2	1 010 970	95,8	-1,2
Construction	249 590	15 265	6,1	234 325	93,9	+0,7
Transport et communication	319 100	17 535	5,5	301 565	94,5	+0,1
Commerce	734 660	35 515	4,8	708 145	95,2	-0,6
Finances et assurances	260 565	10 585	4,1	249 980	95,9	-1,3
Services (socio-culturel, commer. et pers.)	1 278 145	67 135	5,3	1 211 010	94,7	-0,1
Administration publique	305 330	30 050	9,8	275 280	90,2	+4,4
Total	4 413 760	239 935	5,4	4 173 825	94,6	

Source: Le tableau a été construit à partir des données de Guindon *et al.*, 1985: 15.

Tableau 4-4

Répartition de la population de langue maternelle française et de la population générale de l'Ontario (15 ans et plus ne fréquentant pas l'école à plein temps), selon le niveau de scolarité, 1971 (pourcentage)

Degré de scolarité	Ontario	
	L.M.F.	Prov.
Maîtrise ou doctorat	0,8	1,1
Autre grade universitaire	2,2	4,0
Université sans grade	3,9	5,0
13e année	3,6	8,9
12e année	11,4	16,0
11e année	7,2	9,2
9-10e année	24,2	23,0
5-8e année	38,1	27,2
4e année ou moins	8,6	5,6
Nombre total:	311 710	4 766 010

Source: F.F.H.Q., Vol. 1, 1977: 38.

Tableau 4-5

Proportion des francophones (langue usuelle) et des non-francophones âgés de 25 à 64 ans et ayant moins d'une 9e année de scolarité selon la région de résidence en Ontario, en 1981

Régions	Francophones		Non-francophones	
	N	%	N	%
Nord-Ouest	1 290	45,7	22 200	20,8
Nord-Est	21 665	39,5	44 330	20,5
Est	18 436	25,2	66 744	13,1
Centre	6 305	26,9	448 635	16,8
Sud-Ouest	2 395	33,8	103 680	17,5
Ontario	50 355	31,2	685 966	16,8

Source: Guindon *et al.*, 1985: 30.

Tableau 4-6

Répartition des francophones (langue maternelle) et des non-francophones, hommes et femmes, selon le revenu d'emploi, Ontario, 1981

Revenu	HOMMES		FEMMES	
	Franco-phones %	Non-francophones %	Franco-phones %	Non-francophones %
Moins de 10 000$	27,7	29,5	58,8	59,9
10 000$ à 19 999$	35,5	33,7	32,3	32,8
20 000$ à 29 999$	26,7	24,8	7,2	6,0
30 000$ et plus	10,1	12,0	1,7	1,3
Total	100%	100%	100%	100%
N	142 555	2 472 340	103 105	1 847 625

Source: Guindon *et al.*, 1985: 26.

Tableau 5-1

Répartition géographique de la population ontarienne de langue française en 1981

Régions	Pop. globale	Pop. L.M.F.	% de pop. L.M.F. par rapport à la pop. globale de la région	% de la pop. de L.M.F. par rapport à la pop. ont. de L.M.F.
Nord-Ouest	236 205	9 930	4,2	2,1
Nord-Est	583 340	151 805	26,0	31,9
Est	1 185 245	184 230	15,5	38,7
Centre	5 347 450	94 290	1,8	19,8
Sud-Ouest	1 272 825	35 340	2,8	7,4
Total	8 625 065	475 595	4,9	100

Source: Statistique Canada, Recensement du Canada de 1981, cat. 95-902, tableau 1, p. 1-42.

Note: L.M.F.: Langue maternelle française.

Tableau 5-2
Transferts linguistiques du français langue maternelle à l'anglais langue d'usage par groupe d'âge pour la province de l'Ontario en 1981

Groupe d'âge	%	Groupe d'âge	%
0-4	13	35-39	44
5-9	17	40-44	45
10-14	22	45-49	41
15-19	25	50-54	41
20-24	34	55-59	40
25-29	40	60-64	38
30-34	42	65+	33
Tous les âges	34		

Source: D'après les données de Charles Castonguay selon le Recensement du Canada de 1981.

Tableau 5-3
Taux d'exogamie des Ontariens de langue maternelle française selon les différents groupes d'âge (âge de l'épouse), 1971, 1976, 1981

Groupe d'âge	Taux d'exogamie		
	1971	1976	1981
15-24	35,8	37,3	41,8
25-34	33,0	36,9	46,2
35-44	30,1	33,1	43,1
45-54	27,5	29,8	35,0
55-64	22,5	26,2	32,0
65 et plus	16,2	29,1	25,6
Tous les âges	29,7	32,4	39,6

Source: Castonguay, 1983.

Tableau 5-4
Élément le plus important de la culture des
Canadiens français d'Ontario selon la ville
(pourcentage) 1977

Élément	Hearst	Kapuskasing	Cochrane	Total
Religion catholique	17,4	5,5	10,8	11,7
Langue française	20,3	16,6	10,8	15,8
Le fait d'être bilingue	62,3	75,9	71,6	69,5
Autres	-	1,9	6,8	3,0
Total	100%	100%	100%	100%
(N)	(69)	(54)	(74)	(197)

Source: Bernard, 1978: 143.

Tableau 5-5

Population ontarienne d'origine et de langue maternelle françaises de 1851 à 1981

Année	Population totale	Population d'origine française	%	Langue maternelle française	%	Langue d'usage française	%
1851	949 902	26 417	2,7				
1861	1 382 425	33 287	2,4				
1871	1 620 851	75 383	4,7				
1881	1 926 922	102 743	5,3				
1901	2 182 947	158 671	7,3				
1911	2 523 274	202 442	8,0				
1921	2 933 662	248 275	8,5				
1931	3 341 683	299 732	8,7	236 386	6,9		
1941	3 787 665	373 990	9,9	289 146	7,6		
1951	4 597 542	477 677	10,4	341 502	7,4		
1961	6 236 092	647 941	10,4	425 302	6,8		
1971	7 703 106	737 360	9,6	482 045	6,3	352 465	4,6
1976	8 264 475	----	----	467 540	5,7	----	---
1981	8 625 107	652 900	7,6	475 605	5,5	307 290	3,5

Sources: Danielle Juteau-Lee, 1980: 30
R. Brodeur et R. Choquette, 1979: 16
R. Lachapelle et J.H. Henripin, 1980: 361-376
Recensement du Canada de 1981: Cat. 95-902 et 95-942.

BIBLIOGRAPHIE

Allaire, Yvan et Toulouse, Jean-Marie
　　1973　　Situation socio-économique des chefs de ménage franco-ontariens, Ottawa: Association canadienne-française de l'Ontario, 182 p., A - 150 p.

Barth, Fredrik (éd.)
　　1969　　Ethnic Groups and Boundaries, Boston: Little, Brown and Company, 153 p.

Bernard, Roger
　　1978　　Le comportement linguistique des Canadiens français de trois villes du Nord-Est de l'Ontario, Thèse de maîtrise ès Arts, Ottawa: Université d'Ottawa, 179 p.

Bordeleau, L. Gabriel et Gervais, Gaétan
　　1976　　Intentions éducatives et professionnelles des élèves franco-ontariens des écoles secondaires en 12e et 13e année (1975-1976), Toronto: Conseil consultatif des affaires franco-ontariennes, 187 p.

Boudon, Raymond
　　1979　　La logique du social, Paris: Hachette, 275 p.

Bourdieu, Pierre
　　1980　　Le sens pratique, Paris: Les Éditions de Minuit, 479 p.

　　1987　　Choses dites, Paris: Les Éditions de Minuit, 231 p.

Breton, Raymond
　　1971　　«Institutional Completeness of Ethnic Communities and Personal Relations of Immigrants», Bernard R. Blishen et al. (éds), Canadian Society: Sociological Perspectives, Toronto: Macmillan of Canada, p. 51-68.

　　1983　　«La communauté ethnique, communauté politique», Sociologie et Sociétés, vol. XV, no 2, p. 23-37.

　　1985　　«L'intégration des francophones hors Québec dans des communautés de langue française», Revue de l'Université d'Ottawa, vol. 55, no 2, p. 77-90.

Breton, R. et Savard, P. (éds)
1982   *The Quebec and Acadian Diaspora in North America*,
        Toronto: The Multicultural History Society of Ontario,
        199 p.

Brodeur, R. et Choquette, R.
1979   *Villages et visages de l'Ontario français*,
        Toronto/Montréal: L'Office de la télécommunication
        éducative de l'Ontario en collaboration avec les Éditions
        Fides, 142 p.

Carisse, Colette
1969   «Orientations culturelles dans les mariages entre
        Canadiens français et Canadiens anglais», *Sociologie et
        Sociétés*, vol. I, no 1, p. 39-52.

Castonguay, Charles
1974   «Dimensions des transferts linguistiques entre groupes
        anglophones, francophones et autres d'après le
        recensement canadien de 1971», *Annales de l'Association
        canadienne-française pour l'avancement des sciences*, vol.
        41, no 2, p. 125-132.

1976   «Les transferts linguistiques au foyer», *Recherches
        sociographiques*, vol. XVII, no 3, p. 341-351.

1977   «Le mécanisme du transfert linguistique», *Cahiers
        québécois de démographie*, vol. 6, no 3 spécial, p. 138-
        155.

1979   «Exogamie et anglicisation chez les minorités
        canadiennes-françaises», *La Revue canadienne de
        Sociologie et d'Antropologie*, vol. 16, no 1, p. 21-31.

1983   *L'évolution de l'exogamie et de ses incidences sur les
        transferts linguistiques chez les populations provinciales
        de langue maternelle française au Canada entre 1971 et
        1981*, Québec: Le Conseil de la langue française.

Castoriadis, Cornelius
1975   *L'institution imaginaire de la société*, Paris: Éditions du
            Seuil, 503 p.

Cazemajou, Jean et Martin, Jean-Pierre
1983   *La crise du melting-pot*, Paris: Aubier Montaigne,
            189 p.

Choquette, Robert
1975   *Language and Religion: A History of English-French
            Conflict in Ontario*, Ottawa: University of Ottawa
            Press, 264 p.

Clark, S.D.
1966   *The Position of the French-Speaking Population in the
            Northern Community*, (Unpublished). Report presented
            to the Royal Commission on Bilingualism and
            Biculturalism, 107 p.

1971   «The Position of the French-Speaking Population in the
            Northern Industrial Community», Richard J. Ossenberg
            (éd.), *Canadian Society: Pluralism, Change and
            Conflict*, Scarborough: Prentice-Hall of Canada, p. 62-
            85.

Clement, Wallace
1975   *The Canadian Corporate Elite*, Toronto: McClelland and
            Stewart, 479 p.

Courteau, Guy, S.J.
1971   *Le docteur J. Raoul Hurtubise, 40 ans de vie française à
            Sudbury*, Éditions Bellarmin.

Dahrendorf, Ralf
1959   *Class and Class Conflict in Industrial Society*,
            California: Stanford University Press, 336 p.

Dennie, Donald
1978   «De la difficulté d'être idéologue franco-ontarien», *Revue
            du Nouvel-Ontario*, no 1, Sudbury, Ontario: L'Institut
            franco-ontarien, p. 69-90.

1980   «Pour une sociologie critique», *Revue de l'Université Laurentienne*, vol. XIII, no 1, p. 11-21.

Desrosiers, Denise, Gregory, Joël et Piché, Victor
1978   *La migration au Québec: synthèse et bilan biblio-graphique*, Études et documents no 2, Gouvernement du Québec, Ministère de l'Immigration, 106 p.

Driedger, L. et Peters, J.
1977   «Identity and social distance: towards understanding Simmel's 'The Stranger'», *La Revue canadienne de Sociologie et d'Anthropologie*, vol. 14, no 2, p. 158-173.

Durkheim, Émile
1968   *Les règles de la méthode sociologique*, Paris:
(1937)   Presses Universitaires de France, 149 p.

Falardeau, Jean-Charles
1976   «Parlons français nous vivrons en Québécois», *Forces,* no 36, p. 12-19.

Faris, E.L. Robert
1970   *Chicago Sociology 1920-1932, The Heritage of Sociology*, Chicago and London: The University of Chicago Press, 173 p.

Faucher, Albert
1980   «Explication socio-économique des migrations dans l'histoire du Québec», Normand Séguin, *Agriculture et colonisation au Québec*, Montréal: Les Éditions du Boréal Express, p. 141-157.

F.F.H.Q. (Fédération des francophones hors Québec), Ottawa
1977   *Les héritiers de Lord Durham*, Ottawa, volume I: Les francophones hors Québec prennent la parole, 125 p.

1977   *Les héritiers de Lord Durham*, volume II: Qui sommes-nous?

1978   *Deux poids deux mesures*, 62 p.

1979   *Pour ne plus être...sans pays*, 92 p.

Fishman, Joshua *et al.*
1966   *Language Loyalty in the United States*, La Haie:
              Mouton, 478 p.

Gervais, Gaétan
1981   «Le réseau ferroviaire du Nord-Est de l'Ontario», *Revue
              de l'Université Laurentienne*, vol. XIII, no 2, p. 35-63.

Godbout, Arthur
1980   *Nos écoles franco-ontariennes*, Ottawa: Éditions de
              l'Université d'Ottawa, 144 p.

Godelier, Maurice
1984   *L'idéel et le matériel*, Paris: Fayard, 349 p.

Gordon, M. Milton
1964   *Assimilation in American Life*, New York: Oxford
              University Press, 276 p.

1978   *Human Nature, Class, and Ethnicity*, New York:
              Oxford University Press.

Gourd, Benoît-Beaudry
1973   «La colonisation des Clay Belts du Nord-Ouest
              québécois et du Nord-Est ontarien», *Revue d'histoire de
              l'Amérique française*, vol. 27, no 2, p. 235-256.

Guindon, Hubert
1977   «La modernisation du Québec et la légitimité de l'État
              canadien», *Recherches sociographiques*, vol. XVIII,
              no 3, p. 337-366.

Guindon, René
1971   *Essai d'analyse interne d'un discours idéologique*, Thèse
              de maîtrise ès Arts, Ottawa: Université d'Ottawa, 138 p

1974   «L'école franco-ontarienne: passage d'une conception
        traditionnelle à une conception moderne», *Revue de
        l'Université Laurentienne*, vol. V1, no 2, p. 69-96.

1977   «L'idéologie de survivance chez les Canadiens français
        d'Ontario et la théorie sociologique», *Boréal*, no 7,
        Hearst: Le Collège Universitaire de Hearst, p. 43-46.

Guindon, René *et al.*
1985   *Les francophones tels qu'ils sont. Regard sur le monde
        du travail franco-ontarien*, Ottawa: Association
        canadienne-française de l'Ontario, 40 p.

Hechter, Michael
1975   *Internal Colonialism*, Berkeley and Los Angeles:
        University of California Press, 361 p.

Hughes, C. Everett
1970   «The Linguistic Division of Labor in Industrial and
        Urban Societies», James A. Alatis (éd.), *Monograph
        Series on Languages and Linguistics*, Number 23,
        Georgetown University, p. 103-119.

1971   «The Study of Ethnic Relations», *The Sociological Eye*,
        Chicago: Aldine, p. 153-158.

1972   *Rencontre de deux mondes*, Montréal: Les Éditions du
        Boréal Express, 390 p.

Isajiw, W. Wsevolod
1974   «Definitions of Ethnicity», *Ethnicity*, no 1, p. 111-124.

Jackson, D. John
1978   «Institutionalized Conflict: The Franco-Ontarian Case»,
        Glenday, D., Guindon, H. et Torowetz, A. (éds),
        Modernization and the Canadian State, Toronto:
        Macmillan Company of Canada, p. 247-279.

Joy, J. Richard
1972   *Languages in Conflict*, Toronto: McClelland and Stewart, 149 p.

Juteau-Lee, D. et Lapointe, J.
1978   «Identité culturelle et identité structurelle dans l'Ontario francophone: analyse d'une transition», Beaudot, Alain (éd.), *Actes du IIIe colloque consacré à l'identité culturelle et francophone dans les Amériques.*

1979   «The Emergence of Franco-Ontarians: New Identity, New Boundaries», Elliott, L. Jean (éd.), *Two Nations, Many Cultures. Ethnic Groups in Canada*, Scarborough: Prentice-Hall of Canada, p. 99-113.

Juteau-Lee, Danielle
1979   «La sociologie des frontières ethniques en devenir», Juteau-Lee, D. (éd.), *Frontières ethniques en devenir / Emerging Ethnic Boundaries*, Société canadienne d'études ethniques, vol. VII, Ottawa: Éditions de l'Université d'Ottawa, p. 3-20.

1980   «Français d'Amérique, Canadiens, Canadiens français, Franco-Ontariens, Ontarois: qui sommes-nous?», *Pluriel*, no 24, p. 21-42.

1983   «La production de l'ethnicité ou la part de l'idéel», *Sociologie et Sociétés*, vol. XV, no 2, p. 39-54.

Keyfitz, Nathan
1953   «Développements démographiques au Québec», Marcel Rioux et Yves Martin (éds), *La société canadienne-française*, Montréal: Hurtubise HMH, p. 227-252.

Lachapelle, Réjean et Henripin, Jacques
1980   *La situation démolinguistique au Canada*, Montréal: L'Institut de recherches politiques, 391 p.

Lamy, Paul
1977   «The French Language in Ontario: Renaissance,
            Stagnation or Collapse?», Document présenté à la
            réunion annuelle de l'American Anthropology
            Association, Houston, Texas.

Lavoie, Yolande
1972   *L'émigration des Canadiens aux États-Unis avant 1930*,
            Montréal: Les Presses de l'Université de Montréal, 89 p.

Lieberson, Stanley
1961   «A Societal Theory of Race and Ethnic Relations»,
            American Sociological Review, vol. 26, p. 902-910.

1970   *Language and Ethnic Relations in Canada*, New York:
            John Wiley and Sons Inc., 264 p.

Linteau, P.A., Durocher, R. et Robert, J.C.
1979   *Histoire du Québec contemporain*, Montréal: Les
            Éditions du Boréal Express, 652 p.

Marienstras, Richard
1975   *Être un peuple en diaspora*, Paris: François Maspero,
            Cahiers Libres, 216 p.

Marwick, Alice
1950   *Northland Post*, Cochrane, 342 p.

Marx, Karl et Engels, Friedrich
1970   *L'idéologie allemande*, Paris: Éditions sociales, 155 p.

Maxwell, R. Thomas
1979   «The Invisible French: The French in Metropolitan
            Toronto», Elliott, L. Jean (éd.), *Two Nations, Many
            Cultures. Ethnic Groups in Canada*, Scarborough:
            Prentice-Hall of Canada, p. 114-122.

McLeod-Arnopoulos, Sheila
1982   *Hors du Québec point de salut?*, Montréal: Libre
            Expression, 287 p.

Migus, M. Paul (éd.)
 1975   *Sounds Canadian: Languages and Cultures in Multi-Ethnic Society*, Toronto: Peter Martin Associates, 261 p.

O'Bryan, K.G., Reitz, J.G. et Kuplowska, O.M.
 1976   *Les langues non officielles: Études sur le multiculturalisme au Canada*, Ottawa: Imprimeur de la reine, 294 p.

Ornstein, D. Michael
 1981   «The occupational mobility of men in Ontario», *La Revue canadienne de Sociologie et d'Anthropologie*, vol. 18, no 2, p. 183-215.

Park, E. Robert
 1950   *Race and Culture*, Glencoe: The Free Press, 403 p.

Payette, Joseph
 1946   «Le Nord-Ontario», Val Rita, Ontario, 8 p. (non publié).

Pinard, Maurice
 1975   «A Theory of Communal Conflict in Multicultural Societies: A Summary Presentation», 13 p. (non publié).

 1976   «Communal Segmentation and Communal Conflict: An Examination of Current Theories», 36 p. (non publié).

 1980   «Self-Determination in Quebec: Loyalties, Incentives and Constitutional Options among French-Speaking Quebecers», Davidson W.P. *et al.* (éds), *Resolving Nationality Conflicts*, Praeger, p. 140-176.

Radecki, Henry
 1980   «Ethnic Identities in Contexts», *Revue de l'Université Laurentienne*, vol. XIII, no 1, p. 57-75.

Reitz, G. Jeffrey
    1974   «Language and Ethnic Community Survival», Raymond
                  Breton (éd.), *Aspects de la société canadienne*, Société
                  canadienne de sociologie et d'anthropologie, p. 104-122.

Richer, Stephen et Laporte, Pierre
    1979   «Culture, Cognition and English-French Competition»,
                  Elliott, L. Jean (éd.), *Two Nations, Many Cultures.*
                  Ethnic Groups in Canada, Scarborough: Prentice-Hall of
                  Canada, p. 75-85.

Savard, Pierre (éd.)
    1975   *Situation de la recherche sur la vie française en Ontario:*
                  Actes du Colloque sur la situation de la recherche sur la
                  vie française en Ontario: 1974, Association canadienne-
                  française pour l'avancement des sciences et le Centre de
                  recherche en civilisation canadienne-française de
                  l'Université d'Ottawa, 227 p.

Schnapper, D.
    1986   «Modernité et acculturation», *Communications, Le*
                  croisement des cultures, Paris: Seuil, vol. 43, p. 141-
                  168.

Touraine, Alain
    1974   *Pour la sociologie*, Paris: Seuil, 249 p.

    1984   *Le retour de l'acteur*, Paris: Fayard, 350 p.

Tucker, Albert
    1978   *Steam into Wilderness*, Toronto: Fitzhenry and
                  Whiteside, 241 p.

Vallee, G. Frank
    1971   «Regionalism and Ethnicity: The French-Canadian
                  Case», Elliott, L. Jean (éd.), *Minority Canadians 2:*
                  Immigrant Groups, Scarborough: Prentice-Hall of
                  Canada, p. 151-159.

1975   «Multi-Ethnic Societies: The Issues of Identity and
              Inequality», Forcese, D. et Richer, S. (éds), *Issues in
              Canadian Society: An Introduction to Sociology*,
              Scarborough: Prentice-Hall of Canada, p. 162-202.

Vallières, G.
    1980   *L'Ontario français par les documents*, Montréal:
              Éditions Études Vivantes, 280 p.

Van den Berghe, Pierre
    1978   *Race and Racism*, 2nd ed., New York: John Wiley and
              Sons.

Weber, Max
    1971   *Économie et société*, Tome premier, Paris: Librairie
              Plon, 650 p.

Rapports gouvernementaux et autres documents publics

Commission ministérielle sur l'éducation secondaire en langue
française, (Rapport Symons), T.H.B. Symons, commissaire,
Toronto: le ministère de l'Éducation de l'Ontario, 1972, 79 p.

Rapport du comité sur les écoles de langue française de l'Ontario,
(Rapport Bériault), Roland R. Bériault, président, Toronto: le
ministère de l'Éducation de l'Ontario, 1968, 87 p.

Commission royale d'enquête sur le bilinguisme et le biculturalisme
(Commission B.B.), *Introduction générale, Livre I : Les langues
officielles*, Ottawa: Imprimeur de la reine, 1967, 231 p.

Commission royale d'enquête sur le bilinguisme et le biculturalisme
(Commission B.B.), *Livre III : Le monde du travail*, Ottawa:
Imprimeur de la reine, 1969, 492 p.

La vie culturelle des Franco-Ontariens, (Rapport Saint-Denis),
Rapport du comité franco-ontarien d'enquête culturelle, Roger Saint-
Denis, président, Ottawa, 1969, 259 p.

Cultiver sa différence. Rapport sur les arts dans la vie franco-ontarienne, (Rapport Savard), Savard, Pierre, Beauchamp, Rhéal et Thompson, Paul, Toronto: Conseil des Arts de l'Ontario, 1977, 225 p.

Design for Development: Northeastern Ontario Planning Region. Toronto: Ministry of Treasury, Economics and Intergovernmental Affairs, Regional Planning Branch, 1971, 296 p.

Statistical Appendix to the Northeastern Ontario, Toronto: Ministry of Treasury, Economics and Intergovernmental Affairs, Regional Planning Branch, 1976.

Terres données gratuitement dans le Nouvel-Ontario, Ontario: Gouvernement de l'Ontario, 1904, 17 p.

TABLE

REMERCIEMENTS

Un livre, c'est souvent la convergence d'efforts et d'encouragements, et le prolongement d'autres livres. Je tiens à remercier mes amis et collègues qui ont rendu possible la publication de ce livre.

Tout d'abord, Robert Yergeau qui a assisté à toutes les étapes de la réalisation de mon travail. De plus, il s'attendait à ce que l'analyse sociologique respecte l'esprit de la langue littéraire. Je lui en suis très reconnaissant.

Je suis tout particulièrement redevable à John Flood, spécialiste de l'édition , qui a conçu la présentation matérielle du livre.

J'adresse aussi mes remerciements à Guylaine Lacroix-Boisvert qui a toujours fait preuve de conscience professionnelle dans son travail.

Je suis reconnaissant à toutes ces personnes, mais il va de soi que j'assume seul les lacunes et les faiblesses de mon travail.